Inhalt

W0355443

Schwierigkeitsstufen

★ = *einfach*

★★ = *mittel*

★★★ = *etwas aufwändiger*

Rosiges Wohnen

Großer Auftritt für die Königin der Blumen: Mal als Foto, mal als Stoffform wird sie auf den Bildern und der bezogenen Pinnwand im Wohnzimmer in Szene gesetzt. Sogar den Lampenschirm zieren Mini-Röschen aus Satin. Zarte Spitzen und schmale Bänder setzen Akzente. Die Stoffe in Weiß, Rosé und Braun verleihen dem Ganzen eine edle Optik. Zum Entspannen laden Kissen mit leicht zu nähenden Hotelverschlüssen ein.

Zart gestreift

Gestreiftes Kissen

Größe
40 x 40 cm

Schwierigkeitsgrad
★★

Pinnwand

Größe
30 x 24 cm

Schwierigkeitsgrad
★

MATERIAL

- Baumwollstoff mit Streifen in Rosa-Weiß, 140 cm breit, 50 cm
- Schrägband, gefalzt in Braun, 42 cm lang
- Dekoband in Braun mit Punkten, 1 cm breit, 16 cm lang
- 1 Kissen, 40 x 40 cm

ZUSCHNITT

1 x Bezugteil aus gestreiftem Stoff, 42 x 90 cm

SO WIRD ES GEMACHT

Eine kurze Kante des Bezugteils mit Schrägband einfassen. Andere kurze Kante mit Zickzackstichen versäubern. Kante mit Schrägband 12 cm, versäuberte Kante 38 cm rechts auf rechts zur Mitte umschlagen, die versäuberte Kante liegt 10 cm über der Schrägbandkante; der zusammengelegte Bezug misst 40 x 42 cm. Seitennähte mit 1 cm Nahtbreite aufeinander nähen. Nahtzugabe an den Ecken abschrägen. Bezug wenden. Band zur Schleife legen. Schleife auf die Vorderseite nähen. Kissen in den Bezug schieben.

Edler Kontrast

Weiß-braunes Kissen

Größe
40 x 40 cm

Schwierigkeitsgrad
★★

MATERIAL

- Baumwollstoff in Weiß, 140 cm breit, 50 cm
- Baumwollstoff in Braun, 140 cm breit, 50 cm
- Schrägband, gefalzt in Rosa, 84 cm
- Dekoband in Rosa, 1 cm breit, 36 cm lang
- 1 Knopf in Rosa, Ø 2 cm
- 1 Knopf in Braun, Ø 1 cm

ZUSCHNITT

1 x Vorderseite aus weißem Stoff, 42 x 42 cm
1 x untere Rückseite aus braunem Stoff, 42 x 28 cm
1 x obere Rückseite aus braunem Stoff, 42 x 25 cm
2 x Besatzstreifen für die Vorderseite aus braunem Stoff, 42 x 10 cm

SO WIRD ES GEMACHT

Schrägband teilen. Die 2 Besatzstreifen jeweils an einer langen Kante mit dem Schrägband einfassen. Die Besatzstreifen (rechts Seite oben) mit den Außenkanten bündig auf die rechte Seite der Vorderseite heften, die eingefassten Kanten liegen zur Mitte (siehe Foto).
Eine lange Kante der oberen Rückseite versäubern, 1 cm nach links umschlagen und absteppen (= gesäumte Eingriffkante). Eine lange Kante der unteren Rückseite mit Zickzack-Stichen versäubern (= versäuberte Eingriffkante). Beide Streifen rechts auf rechts quer auf Vorderseite und Besatzstreifen legen, dabei liegt die versäuberte Eingriffkante 10 cm über der gesäumten Eingriffkante. Kanten ringsum aufeinander nähen. Nahtzugaben an den Ecken abschrägen. Kissenbezug wenden.
Dekoband dritteln. Jedes Drittel zur Schleife legen. Schleifen versetzt aufeinander legen und mit dem rosafarbenen Knopf zusammennähen. Den braunen Knopf auf den rosafarbenen Knopf legen und beide Knöpfe mit Schleife mittig auf die Vorderseite nähen. Kissen in den Bezug schieben.

Ideenreich

MATERIAL

- Baumwollstoff in Weiß, 140 cm breit, 40 cm
- Gummikordel in Rosa, Ø 2 mm, 2,50 m lang
- 4 Knöpfe, Ø 1 cm
- 1 Keilrahmen, 30 x 24 cm
- Reißbrettstifte

ZUSCHNITT

1 x Pinnwandbezug, 45 x 39 cm
2 x Gummikordel, 56 cm
2 x Gummikordel, 68 cm

SO WIRD ES GEMACHT

Pinwandbezug um den Keilrahmen spannen, Ecken auf der Rückseite einschlagen und mit Reißbrettstiften feststecken. Stoffüberstände zurückschneiden. Gummikordeln verknoten und entsprechend der Wei e laut Foto über die Pinwand spannen. Knöpfe auf o e Kreuzungspunkte der Gummikordeln nähen.

Gr fbereit

MATERI

- Baumwoll Weiß, 140 cm breit, 40 cm
- Baumwolls Streifen in Rosa-Weiß, 140 cm bre
- 2 Knöpfe in cm
- 2 Dekobände breit, 35 cm lang
- 1 weißes Rös grüner Schleife, 2 cm
- 1 Keilrahmen weißer Baumwolle bespannt, 20 x 20 cm
- Tacker oder Reißbrettstifte

ZUSCHNITT

1 x Rahmenbezug aus weißem Stoff, 35 x 35 cm
2 x Blume aus gestreiftem Stoff laut Vorlage mit 1 cm Nahtzugabe ringsum

SO WIRD ES GEMACHT

Blumenteile rechts auf rechts aufeinander nähen, dabei an einer Seitenkante eine Wendeöffnung lassen. Blume wenden, Öffnung von Hand schließen. Blumenoberkante knappkantig absteppen. Knöpfe und Röschen laut Foto auf die Blume nähen. Blume jeweils 7,5 cm ab Unterkante und rechter Seitenkante an den geraden Kanten knappkantig auf den Rahmenbezug steppen. Rahmenbezug laut Foto auf dem Keilrahmen spannen und auf der Rückseite festtackern oder feststecken. Stoffüberstände zurückschneiden. Bänder laut Foto um den Keilrahmen spannen und auf der Rückseite festtackern oder feststecken.

Notizbrett

Größe
20 x 20 cm

Vorlage
Nr. 3 auf Seite 56

Schwierigkeitsgrad
★★

Helle Freude

MATERIAL

- feiner Baumwollstoff oder Batist in Weiß, Größe entsprechend des Lampenschirms
- gefalztes Schrägband in Pink, Länge entsprechend des oberen und unteren Umfangs des Lampenschirms
- 3 Knöpfe, Ø 1 cm
- 2 Röschen in Rosé auf grüner Schleife, 1 cm
- 1 runder Lampenschirm in Tütenform, aufklappbar

ZUSCHNITT

2 x Bezug zuzüglich 1 cm Nahtzugabe

SO WIRD ES GEMACHT

Stoff links auf links doppelt legen. Den aufgeklappten Lampenschirm auf den Stoff legen und die Form mit Nahtzugabe ringsum nachzeichnen. Bezug aus doppelter Stofflage zuschneiden. Untere runde Kanten beider Bezugteile zusammen mit Schrägband einfassen, knappkantig absteppen. Lampenschirm zwischen die Bezugteile schieben. Überstehende obere runde Kante beider Bezugteile zusammen mit Schrägband einfassen, knappkantig absteppen. Nahtzugabe an der rechten Schmalkante nach innen umschlagen, Lampenschirm zur Runde legen, rechte Schmalkante mit eingeschlagener Nahtzugabe ca 1 cm über die linke Schmalkante legen und die eingeschlagene Nahtzugabe von Hand im Überwendlingsstich (siehe Seite 55) ansäumen (Naht = rückwärtige Mitte). Knöpfe und Röschen laut Foto in der vorderen Mitte annähen, dabei jeweils nur durch den oberen Bezugstoff stechen.

Lampenschirm

Größe
Beliebig, hier 11 cm hoch

Schwierigkeitsgrad
★

TIPP

Lampenschirme bzw Lampenschirmfolien sowie Lampenfüße und passende Schirmhalterungen gibt's im Bastelgeschäft.

Spitzenmäßig

MATERIAL

- Baumwollstoff in Braun, 140 cm breit, 40 cm
- Dekoband in Rosa, 1 cm breit, 56 cm lang
- Baumwollspitze in Weiß, 3 cm breit, je 56 cm lang
- 1 Keilrahmen mit weißer Baumwolle bespannt, 24 x 18 cm
- 1 Blüten-Foto
- Tacker oder Reißbrettstifte

ZUSCHNITT

1 x Rahmenbezug aus braunem Stoff, 39 x 33 cm
1 x Besatz, 15 x 20 cm
2 x Spitze, je 28 cm lang
2 x Dekoband, je 28 cm lang

SO WIRD ES GEMACHT

Vorlage auf Papier übertragen, ausschneiden, den Umriss mittig auf die linke Besatzseite zeichnen. Den Besatz rechts auf rechts mittig auf den Rahmenbezug heften, mit kleiner Stichlänge entlang der Oval-Linie steppen. Stoffe innerhalb des Ovals bis auf 1 cm Nahtzugabe ausschneiden. Besatzstoff durch die Öffnung nach hinten ziehen, Kanten bügeln.
Foto mittig auf den Keilrahmen kleben. Rahmenbezug auf den Keilrahmen spannen und auf der Rückseite festtackern oder feststecken, ovale Öffnung liegt mittig über dem Foto. Stoffüberstände zurückschneiden. Spitze und Bänder laut Foto auf den Rahmenbezug spannen, auf der Rückseite festtackern.

Fotorahmen

Größe
24 x 18 cm

Vorlage
Nr. 1 auf Seite 56

Schwierigkeitsgrad
★★

Bild mit Blume

Größe
20 x 20 cm

Vorlage
Nr. 2 auf Seite 56

Schwierigkeitsgrad
★★

Aufgeblüht

MATERIAL

- Baumwollstoff mit Streifen in Rosa-Weiß, 140 cm breit, 40 cm
- Baumwollstoff in Weiß, 140 cm breit, 25 cm
- 8 Knöpfe in Rosa, Ø 1 cm
- Dekoband, 1 cm breit, 12 cm lang
- 1 weißes Röschen auf grüner Schleife, 2 cm
- 1 Keilrahmen mit weißer Baumwolle bespannt, 20 x 20 cm
- Tacker oder Reißbrettstifte

ZUSCHNITT

1 x Rahmenbezug aus gestreiftem Stoff, 35 x 35 cm
1 x Blume laut Vorlage aus weißem Stoff

SO WIRD ES GEMACHT

Die Blume mit engem Zickzackstich mittig auf das Stoffquadrat nähen, dabei ein Band-Ende laut Foto etwas unter die Blume schieben und mit festnähen. Knöpfe und Röschen laut Foto auf die Blume nähen. Rahmenbezug auf den Keilrahmen spannen und auf der Rückseite festtackern oder feststecken. Stoffüberstände zurückschneiden. Loses Band-Ende zur Rückseite umlegen und fixieren.

Blaue Frische

Morgenmuffel werden munter, wenn sie in die angenehme Frische einer Küche in Blau und Weiß eintauchen. Eierwärmer und Kräutersäckchen aus bedruckten Baumwollstoffen sind im Nu genäht, davon haben Sie gleich mehrere in wenigen Stunden fertig. Gefüllt mit Lavendelblüten oder getrockneten Kräutern verbreiten sie ein duftiges Aroma. Und wenn's mal heiß hergeht, leistet der wattierte Topflappen gute Dienste. Für das Pilzmotiv gibt's eine Vorlage.

Linde's
KORNKAFFEE MIT ZICHORIE
gut und bekömmlich

Gut behütet

MATERIAL

- Baumwollstoff mit Muster in Hellblau, 140 cm breit, 15 cm
- Dekoband mit Punkten, 1 cm breit, 20 cm lang
- Dekoband mit Streifen, 1 cm breit, 15 cm lang

ZUSCHNITT

2 x Oval laut Vorlage im Stoffbruch zuzüglich 1 cm Nahtzugabe

SO WIRD ES GEMACHT

Ovale rechts auf rechts aufeinander nähen, dabei eine Wendeöffnung lassen. Oval wenden, Öffnung von Hand schließen. Innenseite laut Vorlage an der Bruchlinie in die Außenseite schieben. Band mit Punkten laut Foto von Hand aufnähen. Band mit Streifen zur Schleife legen und annähen.

Einfach dufte

MATERIAL

- Baumwollstoff mit Muster in Hellblau, 140 cm lang, 20 cm
- Baumwollstoff mit Muster in Dunkelblau, 140 cm lang, 20 cm
- Dekoband mit Streifen, 1 cm breit, 15 cm lang
- Gummiband, 0,5 cm breit, 15 cm lang

ZUSCHNITT

1 x Rechteck aus hellblauem Stoff, 16 x 22 cm
1 x Rechteck aus dunkelblauem Stoff, 16 x 22 cm

SO WIRD ES GEMACHT

Rechtecke rechts auf rechts an einer kurzen Kante zu einem Streifen zusammennähen. Gummiband 3 cm unterhalb der Naht mit Zickzack-Stichen auf die rechte Seite des dunkelblauen Stoffs nähen, Band dabei auf 16 cm dehnen. Streifen rechts auf rechts legen (gleiche Farben treffen aufeinander). Kanten zusammennähen, dabei an der hellblauen kurzen Kante eine Wendeöffnung lassen. Schlauch wenden, Öffnung von Hand schließen. Hellblauen Beutel in den dunkelblauen Beutel schieben. Oberkante 3 cm nach außen schlagen. Dekoband zur Schleife legen und laut Foto annähen.

Eierwärmer

Größe
9,5 x 8,5 cm

Vorlage
Nr. 4 auf Seite 56

Schwierigkeitsgrad
★

Kräuterbeutel

Größe
7 x 17 cm

Schwierigkeitsgrad
★

Küchenhelfer

MATERIAL

- Baumwollstoff in Hellblau, 140 cm breit, 25 cm
- Baumwollstoff mit Muster in Dunkelblau, 140 cm breit, 20 cm
- Baumwollstoff in Weiß, 140 cm breit, 10 cm
- Volumenvlies, 25 x 50 cm
- Dekoband mit Punkten, 1 cm breit, 13 cm lang
- Dekoband mit Streifen, 1 cm breit, 15 cm lang

ZUSCHNITT

2 x gesamtes Topflappenteil laut Vorlage aus hellblauem Stoff
2 x gesamtes Topflappenteil laut Vorlage aus Vlies
1 x Pilzkopf (Teil A der Vorlage) aus dunkelblauem Stoff
1 x Stiel laut (Teil B der Vorlage) aus weißem Stoff
Alle Teile zuzüglich 1 cm Nahtzugabe zuschneiden.

SO WIRD ES GEMACHT

Bei dem Pilzkopf an der Rundung, bei dem Stiel beidseitig an den geraden Kanten die Nahtzugabe nach innen bügeln und feststecken. Die Teile an den eingeschlagenen Nahtkanten mit kleinem Zickzackstich laut Vorlage auf ein Topflappenteil applizieren. Vliesteile jeweils auf die linke Seite der Topflappenteile heften. Topflappenteile rechts auf rechts legen, doppelt liegendes Band an der oberen Ecke einschieben, Bruchkante zur Mitte gerichtet. Band- sowie äußere Pilzkopf- und Stielkanten liegen mit den Kanten der Topflappenteile bündig. Topflappenteile ringsum aufeinander nähen, dabei eine Wendeöffnung lassen. Topflappen wenden, Öffnung von Hand schließen. Gestreiftes Band zur Schleife legen und laut Foto auf die Vorderseite nähen.

Topflappen

Größe
18 x 18 cm

Vorlage
Nr. 5 auf Seite 57

Schwierigkeitsgrad
★★

Fröhliche Ostern

Ganz in Rot: Lustige Stoff-Eier und anmutige Blüten dienen als Blickfang im Osterstrauß. Die Eier werden mit Bändern oder Zackenlitze verziert. Für die Blüten nähen Sie ovale Stoffformen mit einem Knopf zusammen. Bei der Auswahl der Stoffe sind Ihrer Fantasie keine Grenzen gesetzt – werden Sie kreativ! Eine Vasenhusse und der praktische Eierkorb runden das Bild ab. Natürlich ist auch der Osterhase zu Besuch: Aus weichem Fleece mit Schleifenband erobert er alle Herzen.

Osterbote

Hase

Größe
10 x 15 cm

Vorlage
Nr. 8 von Seite 59

Schwierigkeitsgrad
★★

MATERIAL

- Fleece oder Walk-Loden in Rosa, 40 x 20 cm
- Samt- oder Satinband in Rot, 6 mm breit, 20 cm
- Stickgarn in Rot
- Füllwatte

ZUSCHNITT

2 x Körper laut Vorlage
4 x Arme laut Vorlage
Alle Teile mit 1 cm Nahtzugabe zuschneiden.

SO WIRD ES GEMACHT

Körperteile rechts auf rechts aufeinander nähen, dabei an der Unterkante eine Wendeöffnung lassen. Körper wenden. Augen im Kreuzstich aufsticken. Körper mit Füllwatte ausstopfen. Öffnung von Hand schließen. Je zwei Armteile rechts auf rechts aufeinander nähen, dabei eine Wendeöffnung lassen. Arme wenden, mit Watte ausstopfen. Öffnung von Hand schließen. Arme laut Vorlage an den Körper nähen. Samtband teilen. Eine Hälfte um den Hals legen, Kanten aufeinander nähen. Zweite Hälfte zur Schleife legen und auf das Halsband nähen.

Blütenmantel

MATERIAL

- Baumwollstoff mit Punkten in Rot, 140 cm breit, 30 cm
- Vlieseline H200, aufbügelbar, 90 cm breit, 30 cm
- Zackenlitze in Weiß, 0,6 cm breit, 29 cm lang
- 1 Knopf, Ø 1 cm
- 1 Glasvase, ca. 27 cm Umfang, 12 cm hoch

ZUSCHNITT

1 x Bezug aus Stoff mit Punkten, 26 x 29 cm
1 x Streifen aus Vlieseline, 24 x 27 cm
6 x Oval laut Vorlage zuzüglich 1 cm Nahtzugabe

SO WIRD ES GEMACHT

Vlieseline mittig auf die linke Bezugseite bügeln, es bleibt ringsum 1 cm Stoff frei (Nahtzugabe). Den Bezug rechts auf rechts zu einem Rechteck von 13 x 31 cm legen, lange Kante zusammensteppen. Bezug wenden. Zackenlitze 0,5 cm unterhalb der Bruchkante aufsteppen.
Eine Blüte laut Anleitung auf Seite 20 anfertigen. Blüte mit Knopf mittig auf den Bezug nähen. Bezug um das Marmeladenglas legen. Die offenen Enden des Bezuges ineinander schieben, äußere Kante 1 cm einschlagen und die Kante mit Blindstich oder wahlweise Überwendlingsstich (siehe Seite 55) ansäumen.

Vasenbezug mit Blüte

Größe
Ø 8,5 cm, 12 cm hoch

Vorlage
Nr. 7 von Seite 56

Schwierigkeitsgrad
★

Blumig

Blüten

Größe
8 x 8 cm

Vorlage
Nr. 7 von Seite 56

Schwierigkeitsgrad
★

MATERIAL (für 3 Blüten)

- Baumwollstoff in Rot, 12 x 54 cm
- Baumwollstoff mit Punkten, 12 x 24 cm
- Baumwollstoff mit Blumen, 12 x 24 cm
- 3 Knöpfe, Ø 1 cm

ZUSCHNITT (für 3 Blüten)

12 x Oval laut Vorlage aus rotem Stoff
3 x Oval laut Vorlage aus Stoff mit Punkten
3 x Oval laut Vorlage aus Stoff mit Blumen
Alle Teile mit 1 cm Nahtzugabe zuschneiden.

SO WIRD ES GEMACHT

Für jede Blüte ein Oval aus rotem Stoff als Unterseite verwenden. Je zwei Ovale rechts auf rechts aufeinander nähen, dabei eine Wendeöffnung lassen. Nahtzugaben außer an der Wendeöffnung zurückschneiden. Ovale wenden, Nahtzugaben einschlagen und Öffnung von Hand schließen. Je 3 Ovale laut Vorlage versetzt aufeinander legen und mit einem Knopf in der Mitte zusammennähen. Eventuell Aufhängeschlaufe aus farblich passendem Nähgarn annähen.

Poppig

MATERIAL

- Baumwollstoff in Rot, je 8 x 12 cm
- Baumwollstoff mit Punkten, 8 x 12 cm
- Baumwollstoff mit Blumen, 8 x 12 cm
- Dekoband oder Zackenlitze, 1 cm breit, je 11 cm lang
- Füllwatte

ZUSCHNITT

2 x Oval laut Vorlage jeweils aus den 3 verschiedenen Stoffen zuzüglich 1 cm Nahtzugabe

SO WIRD ES GEMACHT

Jeweils 2 gleiche Ovale rechts auf rechts aufeinander nähen, dabei eine Wendeöffnung lassen. Nahtzugaben außer an der Wendeöffnung zurückschneiden. Ei wenden, mit Füllwatte ausstopfen. Nahtzugaben einschlagen und die Öffnung von Hand schließen. Laut Foto Bänder und Zackenlitze von Hand um die Eier nähen. Aufhängeschlaufe aus Nähgarn annähen.

Fundgrube

MATERIAL

- Baumwollstoff mit Punkten, 140 cm breit, 30 cm
- Baumwollstoff mit Blumen 140 cm breit, 30 cm

ZUSCHNITT

1 x Innenseite aus Stoff mit Punkten, 63 x 22 cm
1 x Außenseite aus Stoff mit Blumen, 63 x 22 cm
1 x Innenboden aus Stoff mit Punkten,
Kreis mit Ø 19,5 cm
1 x Außenboden aus Stoff mit Blumen,
Kreis mit Ø 19,5 cm
Alle Teile zuzüglich 1 cm Nahtzugabe zuschneiden.

SO WIRD ES GEMACHT

Innen- und Außenseite rechts auf rechts an einer Längskante zusammennähen. Das so entstandene Rechteck rechts auf rechts doppelt legen (gleiche Muster treffen aufeinander) und die Schmalkanten zusammennähen. Außenboden rechts auf rechts an die geblümte Kante steppen, Innenboden an die gepunktete Kante steppen, dabei eine Wendeöffnung lassen. Korb wenden, Öffnung von Hand schließen. Die gepunktete Innenseite in die geblümte Außenseite schieben. Oberen Rand laut Foto nach außen umschlagen.

Eier

Größe
3,5 x 4,5 cm

Vorlage
Nr. 6 auf Seite 58

Schwierigkeitsgrad
★

Korb für Ostereier

Größe
Ø 19,5 cm, 20 cm hoch

Schwierigkeitsgrad
★★

Ab ins Grüne

Was gibt's Schöneres als einen lauen Sonnentag im Freien zu genießen? Packen Sie den flotten Picknick-Korb: mit Bestecktasche, Servietten und Erdbeer geschmückten Serviettenringen sind sie bestens gerüstet. Alles wird aus blumigen Baumwollstoffen in frischen Farben nach Schnitt- und Motivvorlagen genäht. Das geht schnell und macht Spaß. Dann fehlen nur noch die süßen Leckereien, die die Landpartie zum Gaumenschmaus machen…

SWEDISH
DRINK
Concentrate

Perfekt ausgestattet

Bestecketui

Größe (aufgeklappt)
35 x 25 cm

Vorlage
Nr. 10 von Seite 57

Schwierigkeitsgrad
★★

MATERIAL

- Baumwollstoff mit Blumen in Grün, 140 cm breit, 30 cm
- Baumwollstoff mit Blumen in Rosé, 140 cm breit, 30 cm
- Zackenlitze in Hellblau, 8 cm lang
- 1 Knopf, Ø 2 cm

ZUSCHNITT

1 x Innenseite aus grünem Stoff, 37 x 27 cm
1 x Außenseite aus roséfarbener Stoff, 37 x 27 cm
1 x Taschenteil aus roséfarbener Stoff, 37 x 24 cm

SO WIRD ES GEMACHT

Taschenteil links auf links zur Hälfte legen, Bruchkante oben. Taschenteil bündig zur Unterkante und den Seitenkanten auf die rechte Seite der Innenseite heften. Laut Vorlage die Fächer für das Besteck absteppen. Die Zackenlitze doppeln, mittig auf die rechte Seitenkante der Innenseite stecken, die Enden liegen bündig zur Kante. Außen- und Innenteil rechts auf rechts aufeinander nähen, dabei die Enden der Zackenlitze mitfassen und an der Unterkante eine Wendeöffnung lassen. Besteck-etui wenden, Öffnung von Hand schließen. Knopf 14 cm ab Zackenlitze auf die Außenseite nähen.

Prima verpackt

MATERIAL

- Baumwollstoff mit Blumen in Grün, 140 cm breit, 50 cm
- Baumwollstoff mit Blumen in Blau, 140 cm breit, 50 cm
- Vlieseline H250, aufbügelbar, 90 cm breit, 60 cm

ZUSCHNITT

1 x Korbteil laut Vorlage im Stoffbruch aus grünem Stoff, zuzüglich 1 cm Nahtzugabe
1 x Futterteil laut Vorlage im Stoffbruch aus blauem Stoff, zuzüglich 1 cm Nahtzugabe
2 x Vlieseline laut Vorlage im Stoffbruch
1 x Henkel aus hellgrünem Stoff, 43 x 7 cm
1 x Henkel aus hellgrünem Stoff, 43 x 7 cm
2 x Vlieseline für den Henkel, 41 x 5 cm

SO WIRD ES GEMACHT

Vlieseline jeweils auf die linke Stoffseite von Korbteil, Futterteil und Henkel bügeln, dabei ringsum 1 cm Nahtzugabe frei lassen. Die Streifen für den Henkel rechts auf rechts legen und an den langen Kanten zusammensteppen. Henkel wenden.
Henkel beidseitig (blaue Seite auf rechte Seite des Korbteils) mittig an die Oberkante heften (Kanten bündig). Futterteil rechts auf rechts auf das Korbteil + Henkel legen und jeweils die 47 cm langen Oberkanten aufeinander nähen, dabei die Henkel mitfassen. Korbteil und Futterteil auseinander ziehen rechts auf rechts in der Mitte aufeinander legen (gleiche Stoffe treffen aufeinander) und die Seitennähte in Korb- und Futterteil schließen. In jedem Teil beidseitig die jeweils 10 cm langen unteren Seitenkanten an die 20 cm langen Bodenkanten steppen, dabei im Futterteil an einer Bodenkante eine 10 cm lange Wendeöffnung lassen. Korb wenden, Öffnung von Hand schließen. Futterteil in das Korbteil schieben.

Picknickkorb

Größe
45 x 20 cm

Vorlage
Nr. 9 von Seite 57

Schwierigkeitsgrad
★★★

Beerenstark

Serviettenring

Größe
3 cm breit

Vorlage
Nr. 11 von Seite 58

Schwierigkeitsgrad
★

MATERIAL

- Baumwollstoff mit Blumen in Blau, 140 cm breit, 10 cm
- Baumwollstoff mit Punkten in Rot, 140 cm breit, 10 cm
- Satinband, 6 mm breit, 12 cm (je Schleife)

ZUSCHNITT

2 x Serviettenring in Blau, 20 x 5 cm
2 x Erdbeere in Rot nach Vorlage zuzüglich 1 cm Nahtzugabe

SO WIRD ES GEMACHT

Serviettenringteile rechts auf rechts legen, lange Kanten aufeinander nähen. Streifen wenden. Die Enden ineinander schieben. Äußeren Kante 1 cm nach innen einschlagen und von Hand ansäumen. Erdbeerteile rechts auf rechts aufeinander nähen, dabei an der oberen Kante eine Wendeöffnung lassen. Erdbeeren wenden, Öffnung von Hand schließen. Band zur Schleife legen und mit der Erdbeere laut Foto auf den Serviettenring nähen.

Süß und sauber

MATERIAL

- Baumwollstoff mit Blumen in Rosé oder Grün, 140 cm breit, 25 cm

ZUSCHNITT

2 x Serviette in Rosé oder Grün, 20 x 23 cm

SO WIRD ES GEMACHT

Serviettenteile rechts auf rechts aufeinander nähen, dabei eine Wendeöffnung lassen. Servietten wenden und die Öffnung von Hand schließen.

Servietten

Größe
18 x 21 cm

Schwierigkeitsgrad
★

Kuschel-Träume

Praktische Formen gepaart mit Punkt- und Streifen-Dessin in zarten Pastells: Das sind die Zutaten, die im Kinderzimmer Wohlfühlatmosphäre schaffen. Die lustige Wimpelkette macht sich an der Wand ebenso gut wie am Regalbrett. Im standfesten Wimpelbeutel lässt sich Krimskrams verstauen, im geräumigen Beutel finden auch unterwegs wichtige Utensilien Platz. Hase und Teddy bekommen Gesellschaft, wenn Sie den süßen Engel-Bär nähen. Er erweist sich garantiert als kuscheltauglich!

Auf Zack

Wimpelkette

Größe
7 cm hoch, ca. 60 cm lang

Vorlage
Nr. 12 von Seite 57

Schwierigkeitsgrad
★

MATERIAL

- Baumwollstoff mit Punkten in Hellgrün, 140 cm breit, 15 cm
- Baumwollstoff mit Punkten in Hellblau, 140 cm breit, 15 cm
- Zackenlitze in Hellblau, 1 cm breit, 66 cm

ZUSCHNITT

8 x Wimpelteil laut Vorlage im Stoffbruch aus hellgrünem Stoff
6 x Wimpelteil laut Vorlage im Stoffbruch aus hellblauem Stoff
Alle Teile mit 1 cm Nahtzugabe zuschneiden.

SO WIRD ES GEMACHT

Jeweils 2 gleichfarbige Wimpelteile rechts auf rechts aufeinander nähen, dabei an der Oberkante eine Wendeöffnung lassen. Wimpel wenden, Öffnung von Hand schließen. Die Wimpel in wechselnder Farbfolge und mit etwas Abstand zueinander mit der 7 cm langen Kante auf die Zackenlitze nähen. Enden der Zackenlitze eventuell als Schlaufen knoten.

TIPP

Die Wimpelkette kann durch Anfügen weiterer Wimpel beliebig verlängert werden.

Bester Freund

MATERIAL

- Baumwollstoff mit Punkten in Hellblau, 140 cm breit, 30 cm
- Baumwollstoff mit Punkten in Hellgrün, 140 cm breit, 10 cm
- Baumwollstoff mit Streifen in Hellgrün, 140 cm breit, 10 cm
- Stickgarn in Blau
- Füllwatte
- Vlieseline H200, aufbügelbar, 90 cm breit, 10 cm

ZUSCHNITT

2 x Körper laut Vorlage 16a aus hellblauem Stoff mit Punkten
4 x Flügel laut Vorlage 16b im Stoffbruch aus hellgrünem Stoff mit Punkten
4 x Flügel laut Vorlage 16b im Stoffbruch aus Vlieseline
4 x Arme laut Vorlage 16a aus hellgrünem Stoff mit Streifen
4 x Ohren laut Vorlage 16c im Stoffbruch aus hellgrünem Stoff mit Streifen
Außer den Vlieselineteilen alle Stoffteile mit 1 cm Nahtzugabe zuschneiden.

SO WIRD ES GEMACHT

Körperteile rechts auf rechts aufeinander nähen, dabei an der Unterkante eine Wendeöffnung lassen. Körper wenden. Auge im Kreuzstich, Nase im Plattstich aufsticken. Körper mit Füllwatte ausstopfen. Öffnung von Hand schließen, dabei den Stoff etwas einkräuseln um die Kante abzurunden. Vlieseline auf die linke Seite der Flügelteile bügeln, dabei ringsum die Nahtzugabe frei lassen. Je 2 Flügelteile, Armteile und Ohrteile rechts auf rechts aufeinander steppen, dabei jeweils an den geraden Kanten eine Wendeöffnung lassen. Teile wenden. Arme mit Watte ausstopfen. Alle Öffnungen von Hand schließen. Arme, Ohren und Flügel laut Foto von Hand an den Körper nähen.

Engel-Bär

Größe
13 x 21 cm

Vorlage
Nr. 16 a, b und c von Seite 57

Schwierigkeitsgrad
★★★

Praktischer Begleiter

Beutel

Größe
24 x 27 cm

Vorlage
Nr. 15 von Seite 58

Schwierigkeitsgrad
★★

MATERIAL

- Baumwollstoff mit Punkten in Hellblau, 140 cm breit, 20 cm
- Baumwollstoff mit Punkten in Hellgrün, 140 cm breit, 30 cm
- Baumwollstoff mit Streifen in Hellgrün, 140 cm breit, 30 cm
- Gummiband, 1 cm breit, 28 cm

ZUSCHNITT

Je 1 x Wimpelteil laut Vorlage aus hellgrünem und hellblauem Stoff mit Punkten zuzüglich 1 cm Nahtzugabe
1 x Rechteck aus hellblauem Stoff mit Punkten, 60 x 26 cm
1 x Rechteck aus hellgrünem Stoff mit Streifen, 60 x 26 cm

SO WIRD ES GEMACHT

Wimpelteile rechts auf rechts legen und die Zackenkante zusammensteppen. Teil wenden. Das Wimpelteil mit der Unterkante an eine 26 cm lange Schmalkante des gestreiften Rechtecks stecken, offene Wimpelteilkanten liegen bündig mit Rechteckkante, hellblaue Seite oben. Zackenkante des Wimpelteils 7 cm nach oben umschlagen, Seitenkanten (5 Stofflagen) aufeinander stecken oder heften. Gepunktetes Rechteck rechts auf rechts auf das gestreifte Rechteck mit Wimpelteil legen. Zunächst an der Schmalkante mit Wimpel die 26 cm lange Naht schließen (= Bodenkante Außenbeutel), dabei das Wimpelteil mitfassen. Dann die gegenüberliegende 26 cm lange Naht schließen (= Bodenkante Innenbeutel), jedoch mittig eine 10 cm lange Wendeöffnung lassen. Zuletzt die Längskanten beidseitig zusammennähen, dabei die Wimpelkanten mitfassen. Beutel wenden. Wendeöffnung von Hand schließen. Innenbeutel in den Außenbeutel schieben. Oberkante (= Bruchkante) bügeln, für den Tunnelsaum 2 cm nach außen umschlagen und knappkantig absteppen, dabei an einer Seitennaht eine Öffnung für den Gummieinzug lassen. Gummiband einziehen, Enden aufeinander nähen. Öffnung von Hand schließen.

Platz für Lieblingsstücke

MATERIAL

- Baumwollstoff mit Punkten in Hellgrün, 140 cm breit, 40 cm
- Baumwollstoff mit Punkten in Hellblau, 140 cm breit, 40 cm
- Vlieseline H250, aufbügelbar, 90 cm breit, 35 cm
- Zackenlitze in Hellblau, 1 cm breit, 54 cm

ZUSCHNITT

5 x Wimpelteil laut Vorlage 13 im Stoffbruch aus hellgrünem Stoff zuzüglich 1 cm Nahtzugabe
5 x Wimpelteil laut Vorlage 13 im Stoffbruch aus hellblauem Stoff zuzüglich 1 cm Nahtzugabe
1 x Außenseite laut Vorlage 14 aus hellgrünem Stoff
1 x Innenseite laut Vorlage 14 aus hellblauem Stoff
2 x Vlieselineteile laut Vorlage 14

SO WIRD ES GEMACHT

Vlieselineteile jeweils auf die linke Seite von Außen- und Innenseite bügeln. Je zwei Wimpelteile aus verschiedenfarbigen Stoffen rechts auf rechts legen und die schrägen Kanten zusammennähen. Wimpel wenden. Einen Wimpel mittig an die Oberkante der Außenseite heften, grüne Seiten treffen aufeinander, offene Kanten des Wimpels bündig mit Oberkante der Außenseite. Beidseitig davon mit 1,5 cm Abstand je 2 Wimpel ebenso anheften. Innenseite rechts auf rechts auf die Außenseite mit Wimpeln legen und die Oberkanten zusammennähen, dabei die Wimpel mitfassen. Außenseite und Innenseite auseinander ziehen, in der Mitte rechts auf rechts aufeinander legen (gleiche Stoffe treffen aufeinander) und die Seitennaht mit 1 cm Nahtbreite schließen. In Außen- und Innenbeutel jeweils die 16 cm langen Bodennähte schließen, dabei im Innenbeutel mittig eine 10 cm lange Wendeöffnung lassen. In beiden Beuteln die Ecken einschlagen (Bodennaht trifft auf Seitennaht) und die unteren Seitenkanten an die Bodenkanten nähen. Beutel wenden, Öffnung von Hand schließen. Innenseite in die Außenseite schieben. Zackenlitze von Hand laut Foto um den Beutel nähen.

Wimpelbeutel

Größe
52 cm Umfang, 23 cm hoch

Vorlage
Nr. 13 von Seite 57 und
Nr. 14 von Seite 58

Schwierigkeitsgrad
★★★

Herz-Reigen im Herbst

Herzen haben immer Saison – in allen Farben, Variationen und Jahreszeiten. Hier zieren sie nicht nur den herbstlich gestreiften Tür- und Wandkranz, sondern auch das gepunktete Willkommen-Schild. Einen Soloauftritt genießen sie als Anhänger und Give-aways, geschmückt mit Spitze, Knöpfen oder Dekoartikeln, die Sie vielleicht noch in Ihrem Fundus haben. Der geblümte Obstbeutel für allerlei Herbstfrüchte bleibt dagegen „herzfrei". So kommt das Rüschenband an der Oberkante toll zur Geltung.

WILLK MMEN

Von Herzen

Herzen

Größe
6 x 12 cm

Vorlage
Nr. 18 von Seite 59

Schwierigkeitsgrad
★

MATERIAL

- Reste von Baumwollstoff mit Streifen, Blumen oder Punkten, je 15 x 20 cm
- Füllwatte
- Knöpfe, Dekoband und/oder Spitze

ZUSCHNITT (pro Herz)

2 x Herzteil laut Vorlage im Stoffbruch aus gleichem Stoff mit 1 cm Nahtzugabe

SO WIRD ES GEMACHT

Die Herzteile rechts auf rechts aufeinander nähen, dabei eine kleine Wendeöffnung lassen. Nahtzugaben außer an der Wendeöffnung zurückschneiden, an der Spitze abschrägen. Herz wenden und mit Füllwatte ausstopfen. Nahtzugaben an der Wendeöffnung einschlagen. Öffnungen von Hand schließen. Laut Foto oder nach Belieben von Hand mit Knöpfen oder Spitze verzieren. Eventuell Dekoband als Aufhänger annähen.

Für gute Freunde

MATERIAL

- Baumwollstoff mit Punkten in Grau, 40 x 27 cm
- stärkerer Baumwollstoff oder Filz in Braun, 40 x 16 cm
- Baumwollstoffrest mit Blumen in passenden Farben,
- Gummiband mit Rüschen, 10 cm lang
- je 1 blauer Knopf, Ø 1 und 2 cm
- Füllwatte
- Vlies, auswaschbar
- 1 Keilrahmen, 24 x 18 cm
- Tacker oder Reißbrettstifte

ZUSCHNITT (pro Herz)

1 x Rechteck aus Stoff mit Punkten, 39 x 33 cm
1 x Streifen aus braunem Stoff, 39 x 16 cm

Vorlage für das Herz mittig quer durchschneiden!
2 x Herzoberteil laut oberer Vorlage im Stoffbruch aus Stoff mit Blumen zuzüglich 1 cm Nahtzugabe
2 x Herzspitze laut unterer Vorlage im Stoffbruch aus Stoff mit Punkten zuzüglich 1 cm Nahtzugabe

SO WIRD ES GEMACHT

Schrift laut Foto auf ein Blatt Papier zeichnen, Buchstabenhöhe ca. 2 cm, Laufweite 22 cm. Dann mit Kopierpapier auf auswaschbares Vlies pausen. Vlies mittig auf den braunen Stoffstreifen heften und den Text mit engem Zickzack-Stich mit der Nähmaschine sticken. Vlies mit lauwarmen Wasser auswaschen, Stoff trocknen.
Stoff mit Punkten auf dem Keilrahmen spannen und auf der Rückseite festtackern oder feststecken. Beide Längskanten des braunen Stoffs 4 cm nach links umschlagen, der Streifen misst 8 x 39 cm. Die Kanten füßchenbreit mit Zickzackstichen absteppen. Knopf als „O" annähen. Streifen lauf Foto auf dem Keilrahmen spannen, auf der Rückseite feststecken.
Jeweils 1 Herzoberteil und 1 Herzspitze rechts auf rechts legen und an der Schnittkante zusammensteppen. Dann Herzteile rechts auf rechts aufeinander nähen, dabei eine Wendeöffnung lassen. Herz wenden, mit Füllwatte ausstopfen. Öffnung von Hand schließen. Enden des Rüschenbands aufeinander nähen. Rüschenband laut Foto über das Herz schieben. Knopf annähen und Herz auf den Keilrahmen nähen.

Willkommen-Schild

Größe
24 x 18 cm

Vorlage
Nr. 18 von Seite 59

Schwierigkeitsgrad
★★★

Schön bekränzt

Wandkranz

Größe
Ø 20 cm

Vorlage
Nr. 17 von Seite 59

Schwierigkeitsgrad
★★

MATERIAL

- Baumwollstoff mit Streifen, 25 x 25 cm
- Baumwollstoffe mit Punkten und mit Blumen, je 10 x 20 cm
- Gummiband mit Rüschen, 24 cm
- 3 weiße Röschen auf grüner Schleife, 2 cm
- 3 Knöpfe
- Zackenlitze in Rosa zum Aufhängen
- Füllwatte

ZUSCHNITT

2 x Kreis aus Stoff mit Streifen, Ø 22 cm außen, Ø 15 cm innen
6 x Herzteil laut Vorlage im Stoffbruch aus Stoff mit Punkten
4 x Herzteil laut Vorlage im Stoffbruch aus Stoff mit Blumen
Alle Teile mit 1 cm Nahtzugabe zuschneiden.

SO WIRD ES GEMACHT

Die Kreise für den Kranz rechts auf rechts aufeinander nähen. Nahtzugaben zurückschneiden und in regelmäßigen Abständen quer zur Naht einschneiden. Den Kreis vorsichtig an einer Stelle quer durchschneiden. Kreis wenden und ausstopfen. Schnittkanten des Kreises 0,5 cm nach innen einschlagen und die Kanten im Überwendlingsstich (siehe Seite 55) zusammennähen. Für jedes Herz 2 gleiche Herzteile rechts auf rechts aufeinander nähen, dabei eine Wendeöffnung lassen. Herz wenden, Öffnung von Hand schließen. Rosen und Knöpfe laut Foto auf die Herzen nähen. Rüschenband teilen. Beide Teile mit den Gummikanten zueinander an der Naht um den Kranz legen, Enden jeweils aufeinander nähen; so wird die Naht verdeckt. Knopf auf das Band nähen. Knopf sowie die Herzen laut Foto auf den Kranz nähen. Zackenlitze laut Foto als Aufhänger um den Kranz legen, Enden verknoten.

Reiche Ernte

MATERIAL

- Baumwollstoff mit Blumen in Weiß, 140 cm breit, 30 cm
- Baumwollstoff mit Streifen in Grau-Weiß, 140 cm breit, 30 cm
- Vlieseline H250, aufbügelbar, 90 cm breit, 60 cm
- Gummiband mit Rüschen, 60 cm lang
- 1 Knopf, 2 cm Ø

ZUSCHNITT

1 x Außenseite laut Vorlage aus Stoff mit Blumen
1 x Innenseite laut Vorlage aus Stoff mit Streifen
2 x Vlieseline laut Vorlage

SO WIRD ES GEMACHT

Vliesteile auf die linke Seite der Außen- und Innenseite bügeln. Außen- und Innenseite rechts auf rechts aufeinander legen und die Oberkanten zusammennähen, dabei das Gummiband zwischenfassen (Gummiband und Oberkante liegen bündig). Außen- und Innenseite auseinander ziehen, in der Mitte doppelt legen (gleiche Stoffe treffen aufeinander). Die rückwärtige Mittelnaht schließen, dabei im gestreiften Stoff eine 10 cm lange Wendeöffnung lassen. Bei Außen- und Innenseite jeweils die Bodenkanten rechts auf rechts zusammennähen. Dann die seitlichen Bodenkanten an die unteren Seitenkanten nähen. Beutel wenden. Öffnung von Hand schließen. Gestreiften Stoff als Futter in den geblümten Stoff schieben.

Apfelkorb

Größe
58 cm Umfang, 18 cm hoch

Vorlage
Nr. 19 von Seite 58

Schwierigkeitsgrad
★★

Muffin-Parade

Heißen Sie Ihre Gäste willkommen: mit Tischdeko in Rot-Weiß. Vasenhusse und Brotkorb sind ebenso praktisch wie dekorativ. Muffins mit Namenszug zeigen jedem seinen Platz, liebevoll eingedeckt mit Set, Bestecktasche, farblich passender Papier-Serviette und Serviettenband. Natürlich dienen auch hier perlengeschmückte Mini-Muffins als Blickfang. Alles ist nach Vorlage schnell genäht. Wenn die Zeit dennoch knapp wird, können Sie handelübliche Platz-Sets auflegen, die mit Bändern hübsch verziert wurden.

Lecker aufgetischt

Muffins mit Namenschild

Größe
8 x 10 cm

Vorlage
Nr. 21 von Seite 59

Schwierigkeitsgrad
★

MATERIAL

- Baumwollstoff in Rot, 140 cm breit, 10 cm
- Baumwollstoff mit Muster in Rot-Weiß, 140 cm breit, 10 cm
- 1 Perle je Muffin
- Füllwatte
- Zeichenkarton in Weiß

ZUSCHNITT (pro Muffin)

2 x Muffin Oberteil laut Vorlage im Stoffbruch aus rot-weißem Stoff
2 x Muffin Unterteil laut Vorlage im Stoffbruch aus rotem Stoff
Beide Teile mit 1 cm Nahtzugabe zuschneiden.

SO WIRD ES GEMACHT

Je 1 Ober- und Unterteil rechts auf rechts an der Schnittkante zusammennähen. Ein Muffinteil an der Nahtkante mit Zickzack-Stichen verzieren. Beide Muffinteile rechts auf rechts legen und bis auf eine Wendeöffnung an der Unterkante zusammennähen. Muffin wenden, ausstopfen. Die Öffnung von Hand schließen. Perle laut Foto auf die Vorderseite nähen. Zeichenkarton in beliebiger Form ausschneiden, beschriften und an der Oberkante mittig lochen. Lochöffnung über die Perle schieben.

Tischset

Größe
37 x 24 cm

Vorlage
Nr. 23 von Seite 60

Schwierigkeitsgrad
★

Bestecktasche

Größe
10 x 29 cm

Vorlage
Nr. 22 von Seite 59

Schwierigkeitsgrad
★

Platzhalter

MATERIAL

- Baumwollstoff oder Waffelpikee in Weiß, 140 cm breit, 30 cm (pro Sets)
- Dekoband, 52 cm (pro Set)

ZUSCHNITT

2 x Tischset laut Vorlage im Stoffbruch mit 1 cm Nahtzugabe ringsum
2 x 26 cm Band

SO WIRD ES GEMACHT

Dekoband laut Markierung auf die Vorderseite eines Setteils nähen. Beide Setteile rechts auf rechts aufeinander nähen, dabei eine Wendeöffnung lassen. Set wenden, Öffnung von Hand schließen.

Für Gäste

MATERIAL

- Baumwollstoff in Weiß, 140 cm breit, 25 cm
- Reste Baumwollstoff in Rot und mit Muster in Rot-Weiß
- Perlen
- Zackenlitze

ZUSCHNITT (pro Bestecktasche)

1 x Bestecktasche, 60 x 22 cm
2 x Muffin-Oberteil im Stoffbruch laut Vorlage aus rotem Stoff zuzüglich 1 cm Nahtzugabe
2 x Muffin-Unterteil im Stoffbruch laut Vorlage aus gemustertem Stoff zuzüglich 1 cm Nahtzugabe

SO WIRD ES GEMACHT

Bestecktaschenteil rechts auf rechts zu einem Streifen von 11 x 60 cm zusammenlegen, kurze Kanten jeweils zusammennähen. Dann die lange Kante zusammennähen, dabei eine Wendeöffnung lassen. Bestecktasche wenden, Öffnung von Hand schließen. Eine Hälfte des Streifens als Futter in die andere schieben. Obere Kante 2 bis 3 cm nach außen umschlagen.
Die Muffins wie die „Muffins mit Namensschild" nähen, eventuell anstelle der Zickzack-Zierstiche Zackenlitze aufnähen. Muffin auf die Bestecktasche nähen.

Serviettenring

Größe
3 cm breit

Vorlage
Nr. 22 von Seite 59

Schwierigkeitsgrad
★

Brotkorb

Größe
50 x 9 cm

Vorlage
Nr. 20 von Seite 59

Schwierigkeitsgrad
★★

Romantisch umhüllt

Vasenbezug

Größe
29 cm Umfang, 11 cm hoch

Vorlage
Nr. 21 von Seite 59

Schwierigkeitsgrad
★★

MATERIAL

- Baumwollstoff in Weiß, 140 cm breit, 25 cm
- Dekoband, 40 cm
- 1 Glasvase, 29 cm Umfang, 12 cm hoch
- Baumwollstoffreste in Rot und mit Muster in Rot-Weiß
- 1 Perle
- Füllwatte

ZUSCHNITT

1 x Bezug aus weißem Stoff, 31 x 24 cm
2 x Muffin-Oberteil laut Vorlage im Stoffbruch aus rotem Stoff zuzüglich 1 cm Nahtzugabe
2 x Muffin-Unterteil laut Vorlage im Stoffbruch aus rot-weißem Stoff zuzüglich 1 cm Nahtzugabe

SO WIRD ES GEMACHT

Den Muffin wie die „Muffins mit Namensschild" von Seite 42 arbeiten, jedoch anstelle der Zickzack-Zierstiche ein 10 cm langes Stück Band auf die Naht nähen und den Muffin nur leicht ausstopfen.
Bezugteil rechts auf rechts zu einem Streifen von 12 x 31 cm zusammenlegen, die langen Kanten zusammensteppen. Bezug wenden, den Muffin von Hand mittig auf den Bezug nähen. Die beiden Enden ineinander schieben äußere Kante etwa 0,5 cm nach innen schlagen und von Hand ansäumen. Dekoband um den Rand des Marmeladenglases legen, Enden zusammennähen.

Appetitlich

MATERIAL

- Reste Baumwollstoff in Weiß
- Reste Baumwollstoff in Rot und mit Muster in Rot-Weiß
- Perlen
- Zackenlitze

ZUSCHNITT (pro Serviettenring)

1 x Serviettenring 20 x 6 cm
2 x Muffin-Oberteil im Stoffbruch laut Vorlage aus gemustertem Stoff zuzüglich 1 cm Nahtzugabe
2 x Muffin-Unterteil im Stoffbruch laut Vorlage aus rotem Stoff zuzüglich 1 cm Nahtzugabe

SO WIRD ES GEMACHT

Serviettenringteil rechts auf rechts zu einem Streifen von 3 x 20 cm zusammenlegen, lange Kanten zusammensteppen. Streifen wenden, Enden ineinander schieben, äußere Kante 0,5 cm einschlagen und ansäumen. Die Muffins wie die „Muffins mit Namensschild" nähen, eventuell anstelle der Zickzack-Zierstiche Zackenlitze aufnähen. Muffin auf den Serviettenring nähen.

Perfekt serviert

MATERIAL

- Baumwollstoff mit Muster in Rot-Weiß, 140 cm breit, 20 cm
- Baumwollstoff in Weiß, 140 cm breit, 20 cm

ZUSCHNITT

1 x Außenseite laut Vorlage im Stoffbruch aus rot-weißem Stoff
1 x Innenseite laut Vorlage im Stoffbruch aus weißem Stoff

SO WIRD ES GEMACHT

Außen- und Innenseite rechts auf rechts aufeinander legen und beidseitig die Oberkanten zusammennähen. Außen- und Innenseite auseinander ziehen, im Stoffbruch rechts auf rechts doppelt legen (gleiche Stoffe treffen aufeinander) und die schrägen Seitennähte schließen, dabei im weißen Stoff an einer Seitennaht eine Wendeöffnung lassen. Bei Außen- und Innenseite die unteren Seitenkanten rechts auf rechts an die Bodenkanten nähen. Korb wenden. Öffnung von Hand schließen. Innen- und Außenseite ineinander schieben.

Typisch nordisch

Wie wäre es mit Deko-Ideen aus dem hohen Norden? Weihnachten im skandinavischen Stil begeistert mit neuen Farben und Formen. Geschenktüten und Stiefel werden aufgehängt, in der Hoffnung auf süße Leckereien. Stoffanhänger in Päckchen-, Dreieck- und Spitztütenform verschönern einen Strauß aus weißgefärbten Zweigen. Zum Lieblingsstück wird aber das lustige Rentier, das sicher nicht nur zum Fest Familienanschluss findet.

Winterfreude

MATERIAL

- Baumwollstoff in Braun und Blau, 140 cm breit, je 50 cm
- Baumwollstoff mit Blumen, 140 cm breit, 50 cm
- Dekobänder und Zackenlitze, je Stiefel ca. 25 cm
- Knöpfe nach Wahl
- 1 Röschen in Rosé auf grüner Schleife, 1 cm

ZUSCHNITT (pro Stiefel)

1 x Stiefelteil laut Vorlage im doppelten Stoffbruch mit 1 cm Nahtzugabe

SO WIRD ES GEMACHT

Stiefelteil an der rückwärtigen Bruchlinie rechts auf rechts legen, Naht an den Sohlen- und der vorderen Stiefelkante schließen, dabei an einer Sohlennaht eine Wendeöffnung lassen. Stiefel wenden. Nahtzugaben an der Öffnung einschlagen, Öffnung von Hand schließen. Das Stiefelteil mit der Wendeöffnungsnaht als Innenteil in das Außenteil schieben; die Bruchkante am oberen Stiefelrand bildet die Oberkante. Stiefel mit verschiedenen Bändern, Knöpfen und Röschen nach Belieben oder laut Foto verzieren. Ein 10 cm langes Stück Dekoband doppeln und als Aufhänger innen an der rückwärtigen Oberkante von Hand annähen.

Stiefel

Größe
17 x 22 cm

Vorlage
Nr. 25 von Seite 58

Schwierigkeitsgrad
★★

Süße Überraschungen

MATERIAL

- Baumwollstoff in Blau und Dunkelbraun, 140 cm breit, 20 cm
- Baumwollstoff mit Blumen, 140 cm breit, 20 cm
- Zackenlitze in Rosé, 1 cm breit, 17 cm lang
- Dekoband, je 17 cm zum Verzieren und je 10 cm als Aufhänger
- Knöpfe, Ø 2 cm

ZUSCHNITT (je Geschenktüte)

1 x Außenseite laut Vorlage, Stoff wahlweise
1 x Innenseite laut Vorlage, Stoff kontrastfarbig
Alle Teile zuzüglich 1 cm Nahtzugabe zuschneiden.

SO WIRD ES GEMACHT

Außen- und Innenseite rechts auf rechts legen und die runden Oberkanten zusammensteppen. Außen- und Innenseite auseinander ziehen, in der Mitte rechts auf rechts doppelt legen (gleiche Stoffe treffen aufeinander) und die schrägen Kanten zusammensteppen, dabei im Innenteil eine Wendeöffnung lassen. Nahtzugaben außer an der Wendeöffnung zurückschneiden, Spitzen abschrägen. Geschenktüte wenden und Wendeöffnung von Hand schließen. Innenseite in die Außenseite schieben. Geschenktüten mit Bändern, Zackenlitze und Knöpfen nach Belieben oder laut Foto verzieren. Für jede Geschenktüte ein 10 cm langes Stück Dekoband doppeln und als Aufhänger in der rückwärtigen Mitte von Hand annähen.
Den Spitzhut ebenso arbeiten, jedoch nicht mit Bändern etc. verzieren und keinen Aufhänger annähen. Stattdessen den oberen Rand 2 bis 3 cm nach außen umschlagen und einen Knopf an die Spitze nähen. Nach Belieben kann eine Aufhängeschlaufe aus Nähgarn um den Knopf gelegt oder am Umschlag angenäht werden.

Geschenktüte & Spitzhut

Größe
8 cm breit, 17 cm hoch

Vorlage
Nr. 24 von Seite 61

Schwierigkeitsgrad
★

Geschenk-Anhänger

Größe
7 x 7 cm

Schwierigkeitsgrad
★

Bäumchen-Anhänger

Größe
8 x 8 cm

Vorlage
Nr. 26 von Seite 61

Schwierigkeitsgrad
★

Rentier

Größe
20 x 30 cm

Vorlage
Nr. 27 a und b von Seite 61

Schwierigkeitsgrad
★★

Besuch aus dem Norden

MATERIAL

- Baumwollstoff oder Filz in Braun, 90 cm breit, 30 cm
- Baumwollstoff oder Filz in Blau, 90 cm breit, 20 cm
- Stickgarn in Hellbraun und Braun
- 2 blaue Knöpfe, Ø 1 cm
- Füllwatte

ZUSCHNITT

2 x Kopf laut Vorlage 27a im Stoffbruch aus braunem Stoff
2 x Geweih laut Vorlage 27a im Stoffbruch aus blauem Stoff
2 x Körper laut Vorlage 27b im Stoffbruch aus braunem Stoff
Alle Teile mit 1 cm Nahtzugabe zuschneiden.

SO WIRD ES GEMACHT

Je ein Kopf- und Geweihteil an der Schnittkante rechts auf rechts zusammennähen. Kopf-/Geweihteile rechts auf rechts zusammensteppen, dabei am Kinn eine Wendeöffnung lassen. Kopf wenden. Knöpfe als Augen annähen, Nase und Mund in Hellbraun aufsticken. Kopf mit Füllwatte ausstopfen. Die Öffnung von Hand schließen. Das Geweih im Knopflochstich in Braun umsticken. Körperteile rechts auf rechts zusammensteppen, dabei eine Wendeöffnung im Halsbereich lassen. Körper wenden und mit Füllwatte ausstopfen. Öffnung von Hand schließen. Kopf an den Körper nähen.

Nett verpackt

MATERIAL

- Baumwollstoffreste wahlweise in Blau, Braun oder mit Blumen
- Dekoband, farblich passend, 1 cm breit, je 30 cm
- Knöpfe nach Wahl

ZUSCHNITT

1 x Rechteck, 16 x 9 cm

SO WIRD ES GEMACHT

Das Rechteck rechts auf rechts zur Hälfte legen und mit 1 cm Nahtbreite zusammensteppen, dabei eine Wendeöffnung lassen. Nahtzugaben an den Ecken zurückschneiden. Geschenk wenden, Öffnung von Hand schließen. Dekoband halbieren, die Enden jedes 15 cm langen Teils 1 cm aufeinander nähen. Bänder kreuzweise über das Geschenk schieben. Eventuell eine Aufhängeschlaufe aus Nähgarn annähen.

Baumschmuck

MATERIAL

- Baumwollstoffreste wahlweise in Blau, Braun oder mit Blumen
- Dekoband, farblich passend, 1 cm breit, je 8 cm
- Knöpfe nach Wahl

ZUSCHNITT

2 x Dreieck laut Vorlage im Stoffbruch zuzüglich 1 cm Nahtzugabe

SO WIRD ES GEMACHT

2 Dreieckteile rechts auf rechts aufeinander nähen, dabei an einer Seite mittig eine Wendeöffnung lassen. Nahtzugaben an den Ecken zurückschneiden. Dreieck wenden. Ein 8 cm langes Stück Dekoband doppeln, Enden in die Wendeöffnung schieben. Die Öffnung von Hand schließen, dabei das Band mitfassen. Knöpfe laut Foto annähen.

Material und Werkzeuge

Grundmaterial

- Nähmaschine
- passendes Nähgarn, Heftgarn
- Nähnadeln, Stecknadeln
- Schneiderkreide, Bleistift
- Stoffschere
- Papier
- Lineal, Maßband
- Bügeleisen
- Schneidunterlage (bei Verwendung des Rollschneiders)

1 Scharfe Stoffschere und/oder Rollschneider: für den Zuschnitt.
2 Pfeiltrenner: zum Auftrennen der Nähte
3 Nähmaschinen-Nadeln: Die zu verwendende Stärke hängt von Stoff- und Garnstärke ab. In den Herstellerangaben der Nähmaschinen sind entsprechende Tabellen zu finden.
Generell gilt: Je höher die Nadelnummer, desto dicker die Nadel. Für feinere Stoffe wie Batist, Seide, Tüll und Taft feine Nadeln, für Baumwollstoffe mittelstarke Nadeln und für festere Stoffe wie Deko- und Möbelstoffe stärkere Nadeln verwenden.
4 Nähnadeln: Zum Heften und für Handstiche immer eine Auswahl Universalnadeln bereithalten.
5 Garne: Bei der Garnwahl stets auf gute Qualität achten, um reißende Fäden, ärgerliche Knoten, Schlaufen und springende Spulen zu vermeiden.
Synthetikgarne sind unverwüstlich, werden auch als „Allesnäher" bezeichnet und leisten gerade zum Einstieg gute Dienste. Daneben gibt es Baumwoll- oder feine Seidengarne.
Heftgarn (auch Reihgarn genannt) besteht aus lose verzwirnter Baumwolle und kann leicht zerrissen und damit rasch entfernt werden.
6 Stecknadeln: Unverzichtbar zum Fixieren von Stofflagen. Tipp: Stecknadeln immer quer zur Nährichtung stecken.
7 Maßband, Metalllineal: unerlässlich beim Zuschnitt und bei der passgenauen Näharbeit.
8 Schneiderkreide: Werkzeug zum Aufzeichnen der Zuschnitte. Schneiderkreide wird mit der Zeit wieder unsichtbar, sollte aber besser auf der linken Stoffseite verwendet werden.

Hinweis

Um Wiederholungen zu vermeiden, sind die Grundmaterialien in den einzelnen Modell-Anleitungen nicht mehr erwähnt.

Grundbegriffe des Nähens

Waschen und bügeln
Bevor Sie anfangen zu nähen, waschen Sie den Stoff, um späteres Einlaufen zu vermeiden.
Den Stoff immer vor Beginn der Näharbeiten und zwischen den einzelnen Arbeitsschritten bügeln. Empfindliche Stoffe vor dem Bügeln mit einem sauberen Baumwolltuch bedecken.

Fadenlauf
Jedes Gewebe besteht aus Kettfäden (längs) und Schussfäden (quer). Der Fadenlauf entspricht der Richtung der Kettfäden und verläuft parallel zur Gewebekante. Der Zuschnitt sollte immer im Fadenlauf erfolgen, damit sich der Stoff nicht verzieht.

Rechte und linke Stoffseite
Jeder Stoff hat eine rechte und eine linke Stoffseite. Die rechte Seite entspricht der Stoffaußenseite. Bei bedruckten Stoffen ist diese leicht zu erkennen, da hier das Muster deutlicher zu sehen ist. Wird ein Stoff rechts auf rechts gelegt, befindet sich die Stoffaußenseite/rechte Seite innen und die („weniger schöne") linke Seite außen. Liegt ein Stoff links auf links, befindet sich die rechte Seite außen und die linke innen.

Fadenspannung
Je nach Stoffart muss die Fadenspannung der Nähmaschine reguliert werden, damit keine Garnschlaufen entstehen. Am besten zunächst ein kleines Teststück anfertigen.

Heften und Stecken
Stoffteile immer erst mit Stecknadeln fixieren oder rasch von Hand heften. So können die Stoffteile beim Nähen nicht verrutschen oder Falten werfen. Achtung: Werden Stecknadeln verwendet, diese beim Nähen Stück für Stück herausziehen. Sonst kann die Nähnadel abbrechen.

Nahtzugabe
Wird ein Stoff zu nah an der Kante genäht, reißen Naht und Stoff leicht auf. Deswegen in der Regel beim Zuschnitt eine Nahtzugabe von 1 cm hinzurechnen. Nach dem Nähen die Nahtzugaben etwas zurückschneiden. Bei den Modellen im Buch wird die Nahtzugabe nur angegeben, wenn sie zusätzlich zur Vorlage angeschnitten wird.

Zwischenfassen
Werden Bänder oder Schlaufen zwischen zwei Stofflagen mit angenäht, spricht man vom „Zwischenfassen".

Wenden
Zum Wenden von runden Formen (z. B. Muffins) müssen die Nahtzugaben in kleinen Abständen bis ganz an die Naht quer zu dieser eingeschnitten werden. Spitzen und Ecken der Nahtzugaben werden vorsichtig schräg abgeschnitten.

Ausstopfen
Zum Füllen (z. B. von Hase, Engel-Bär, Muffins und Rentier) wird Polyesterwatte benutzt, die sich waschen lässt. Zum Trocknen kann man das Spielzeug auf die Heizung legen. Die zu füllenden Teile nach Bedarf weich oder fest ausstopfen und jeweils die Wendeöffnung von Hand im Blindstich (siehe Seite 55) schließen.

Stoffbruch
Bei der doppelten Stofflage entsteht eine Faltlinie, die als Stoffbruch bezeichnet wird. Auf einem Schnitt bezeichnet der Stoffbruch die Mitte eines Schnittteils und ist bei den Vorlagen in diesem Buch als Bruchlinie dargestellt. Dort wird der Stoff gefaltet und die entsprechende Kante des Schnitts ohne Nahtzugabe aufgelegt. An dieser Stelle entsteht keine Naht.

Nähtechniken

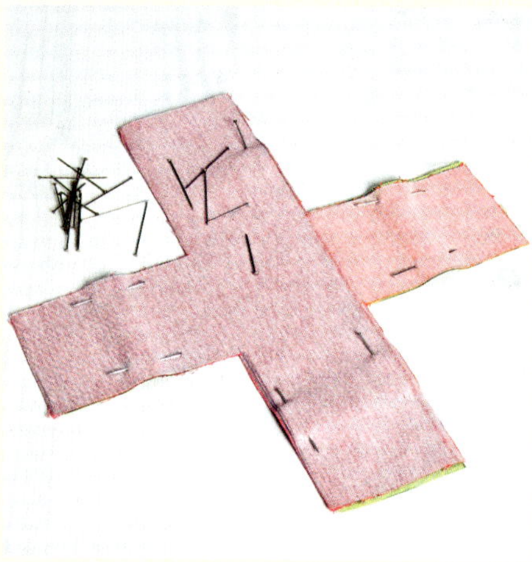

Schnittmuster und Vorlagen

Für einige Modelle finden Sie ab Seite 56 Vorlagenzeichnungen, die entweder eine Figur oder einen Schnittplan darstellen. Bitte beachten Sie zur weiteren Verwendung bzw. für die Vergrößerung die Hinweise auf Seite 56.

Für den Zuschnitt erst einmal ein Schnittmuster laut Vorlage aus Papier anfertigen. Das Schnittmuster auf den Stoff stecken und mit Schneiderkreide umfahren.

Der Zuschnitt

Wird keine Nahtzugabe erwähnt, ist diese bereits im Zuschnitt enthalten. Wird in der Anleitung jedoch eine zusätzliche Nahtzugabe gefordert, auch diese Linie – meist 1 cm rundum – auf den Stoff zeichnen. Anschließend kann die Form entweder ohne Nahtzugabe (siehe Foto) direkt an der inneren Linie oder mit Nahtzugabe an der äußeren Linie ausgeschnitten werden. Hierfür eine scharfe Stoffschere verwenden.

Verstürzen

Beim Verstürzen werden zwei Stoffteile rechts auf rechts aufeinander genäht. Allerdings muss zum Wenden der Stoffteile ein Stück der Naht erst einmal offen bleiben. Nahtzugaben und Ecken außer an der Wendeöffnung zurückschneiden, auseinanderbügeln und versäubern. Dann das Nähstück durch die Öffnung wenden. Nahtzugaben an der Öffnung nach innen schlagen und die offene Naht von Hand im Blindstich (siehe Seite 55) schließen.

Bänder und Applikationen aufsteppen

Viele Modelle werden mit Dekobändern verziert. Diese beidseitig knapp neben der Webkante im Geradstich aufsteppen. Zackenlitze, einfarbige Bänder und Gummibänder mit einem in der Mitte verlaufenden nicht zu kleinen Geradstich aufsteppen. Stoff-Applikationen mit engem Zickzack-Stich aufsteppen. Dazu beim Nähen den Stoff langsam der Motivkontur entsprechend mit der Hand weiterdrehen.

Maschinen- und Handstiche

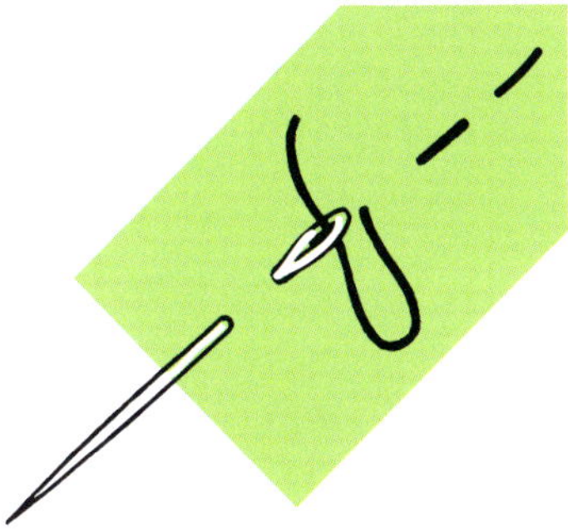

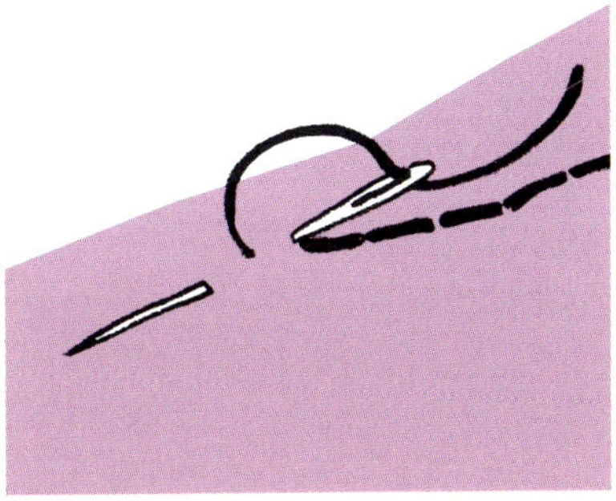

Geradstich
Jede haushaltsübliche Nähmaschine bietet eine mehr oder minder breite Palette an Stichen an. Zu den Nutzstichen zählen vor allen der Geradstich. Er kann durchaus auch dekorative Zwecke erfüllen. Nähen Sie gerade Strecken mit Stichlänge 2 bis 3, beim Aufsteppen von Dekobändern mit Stichlänge 3 und bei Rundungen mit Stichlänge 1.

Heftstich
Mit diesem Stich werden zwei oder mehr Stofflagen mit Heftgarn zusammengehalten, bevor die Naht mit der Maschine gesteppt wird. Hierfür von oben nach unten durch die Stofflagen einstechen, die Nadel ein Stück weiterführen und von unten nach oben ausstechen. Stiche und Abstände zwischen den Stichen sollten gleichmäßig lang sein.

Steppstich
Der Steppstich dient zum Zusammennähen von Stofflagen. Er ist der haltbarste aller Handstiche. Gearbeitet wird von rechts nach links. Die Nadel einstechen, nach ca. 5 mm wieder ausstechen. Etwa 3 mm hinter dem Ausstich wieder einstechen. Nach doppelter Stichlänge (ca. 6 mm) wieder ausstechen und genau im vorigen Ausstich wieder einstechen.

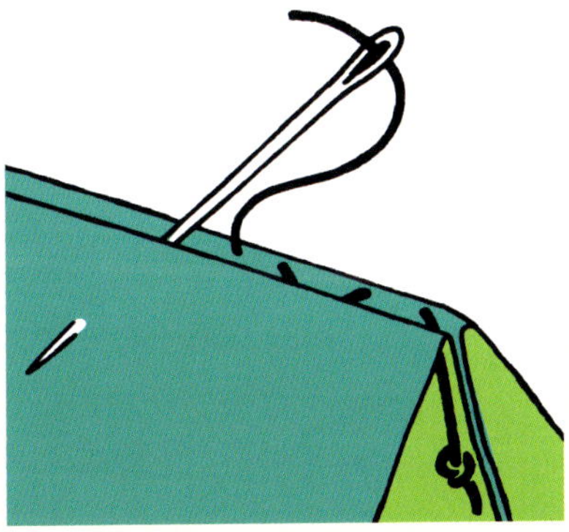

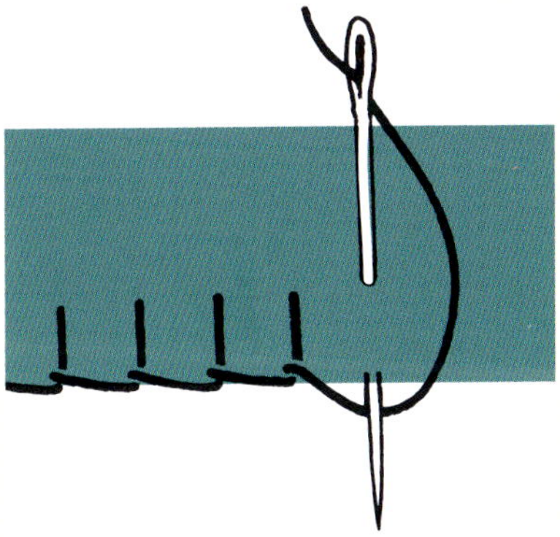

Blindstich
Mit dem Blindstich können eingeschlagene Stoffkanten zusammengenäht und Säume „unsichtbar" angenäht werden. Gearbeitet wird von rechts nach links. Sollen zwei eingeschlagene Kanten z. B. an einer Wendeöffnung, zusammengenäht werden, durch den Einschlag der unteren und oberen Kante stechen, die Nadel ca. 6 mm durch den Stoff des oberen Einschlags führen, ausstechen und auf gleicher Höhe in den unteren Einschlag stechen. Die Nadel wieder ca. 6 mm durch den Stoff führen usw. Um einen Saum anzunähen, die Nadel in den Oberstoff einstechen, ein bis zwei Fäden des Oberstoffes greifen und im Abstand von ca. 6 mm in den Einschlag oder Saum einstechen.

Überwendlingsstich
Mit diesem Stich können zwei Stoffkanten verbunden werden. Dabei von der hinteren zur vorderen Kante durchstechen, den Faden leicht diagonal um die Kanten herumführen und wieder von hinten nach vorne durchstechen. Die Stiche sollten gleich groß sein und den gleichen Abstand voneinander haben. Der Überwendlingsstich wird auch zum Versäubern von Schnittkanten verwendet.

Knopflochstich
Dieser Stich eignet sich zur Versäuberung und Verzierung in einem Arbeitsgang. In der Regel wird von links nach rechts gearbeitet. Im Abstand von ca. 5 mm zur Kante einstechen, dabei die Nadel senkrecht führen. Den Arbeitsfaden vor dem Durchziehen der Nadel unter deren Spitze entlangführen. Nach dem Ausstechen bildet sich eine Schlinge und der Faden legt sich dekorativ über die Kante.

Vorlagen und Schemazeichnungen

Bitte achten Sie auf die Größenangaben.

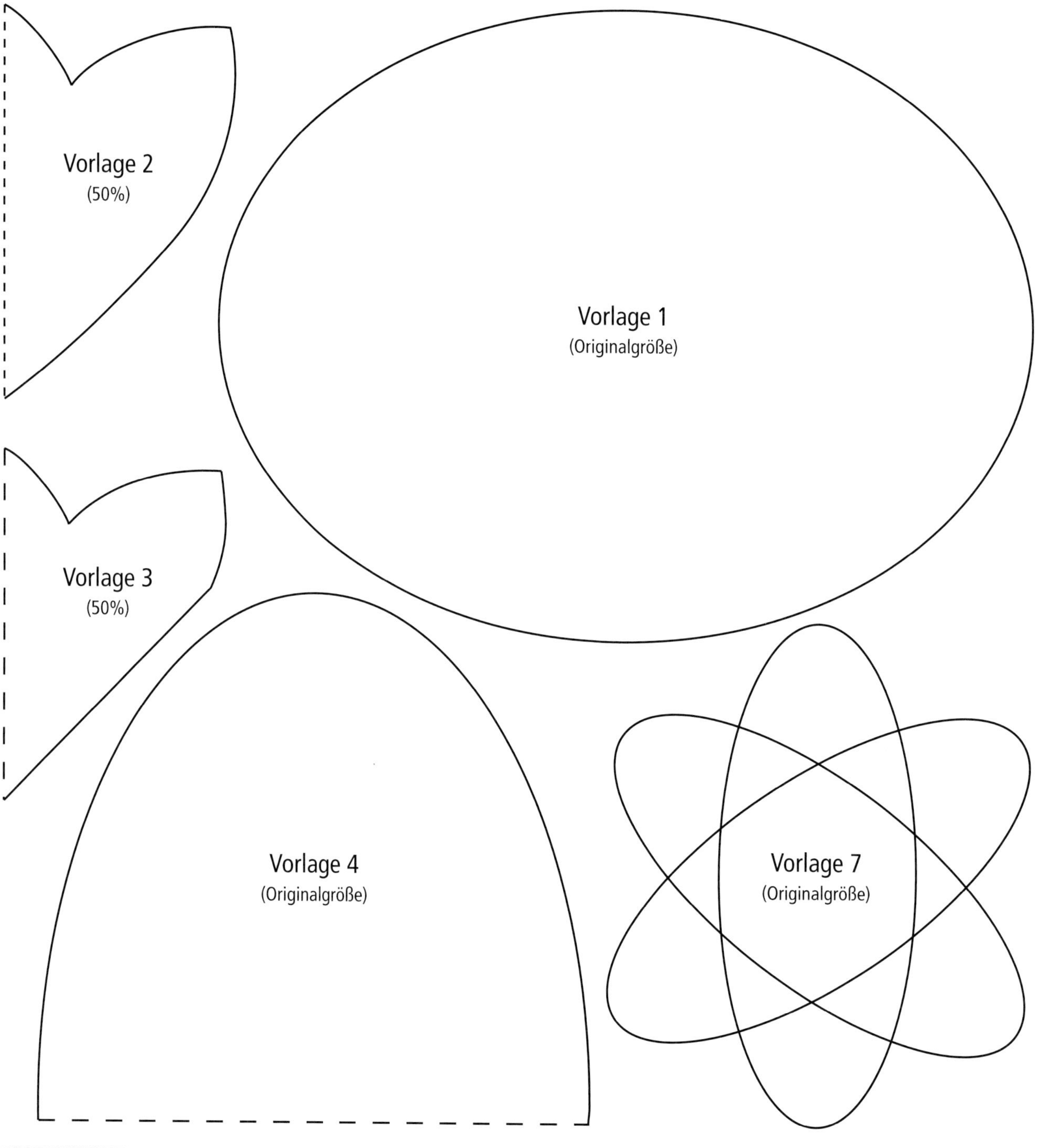

5 wichtige Tipps zur Verwendung:

1 Vorlagen auf Transparentpapier abnehmen oder eine Kopie machen.
2 Einige Vorlagen sind aus Platzgründen auf 50% der Originalgröße verkleinert. Diese Vorlagen im Kopierladen um 200% vergrößern lassen.
3 Setzt sich eine Vorlage aus mehreren Schnittteilen zusammen, sind diese mit durchgezogenen Linien gekennzeichnet. Hier alle Schnittteile separat abnehmen.
4 Einige Vorlagen sind nur zur Hälfte gezeichnet, gestrichelte Linien kennzeichnen die Mitte bzw Bruchkante. Beim Zuschnitt aus doppelter Stofflage die gestrichelte Linie am Stoffbruch anlegen.
5 Vorlagen mit cm-Angaben für einen originalgroßen Schnitt entsprechend der Maße auf Papier übertragen.

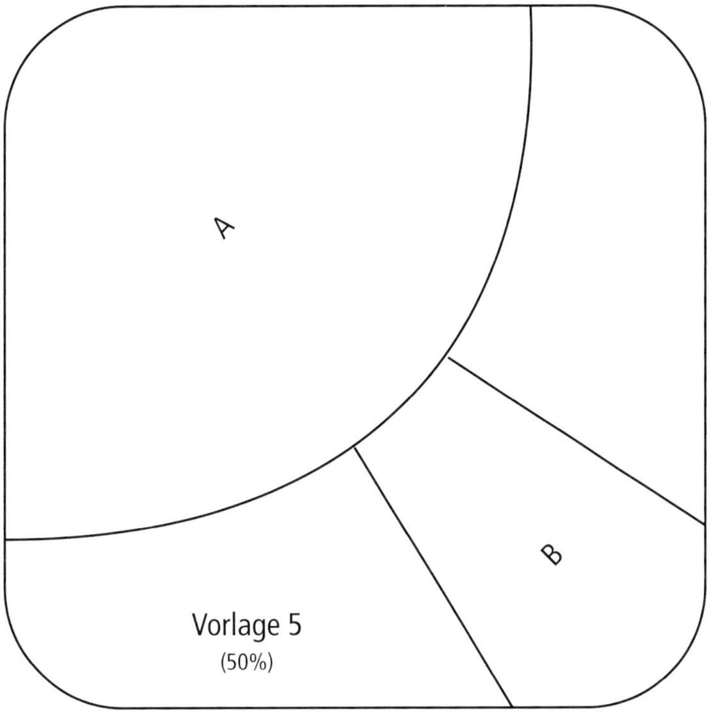
A
B
Vorlage 5
(50%)

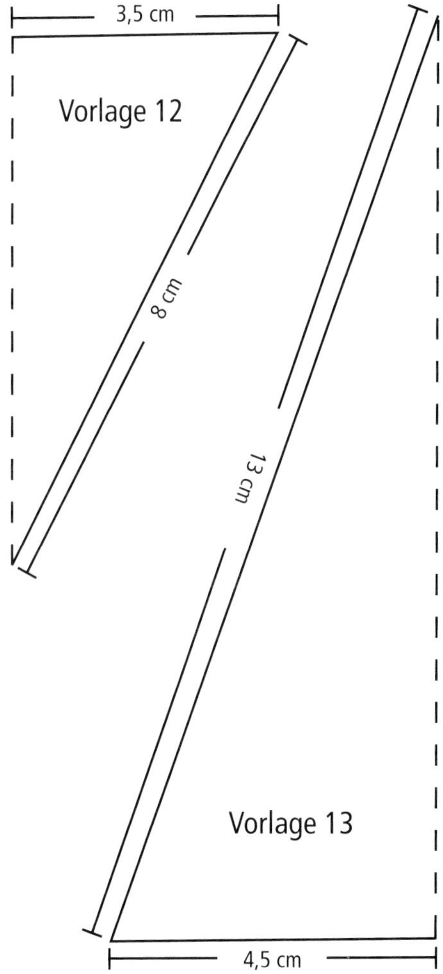
3,5 cm
Vorlage 12
8 cm
13 cm
Vorlage 13
4,5 cm

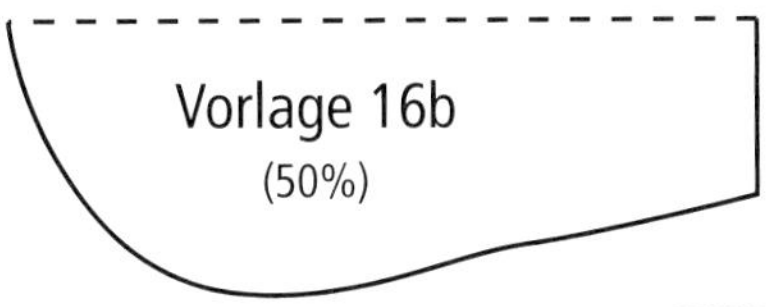
Vorlage 16b
(50%)

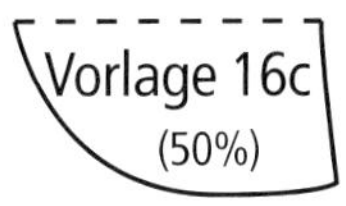
Vorlage 16c
(50%)

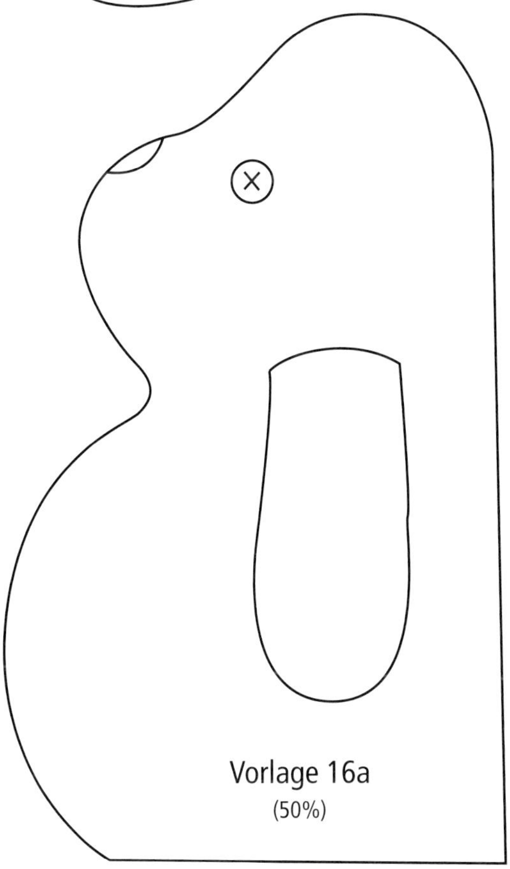
Vorlage 16a
(50%)

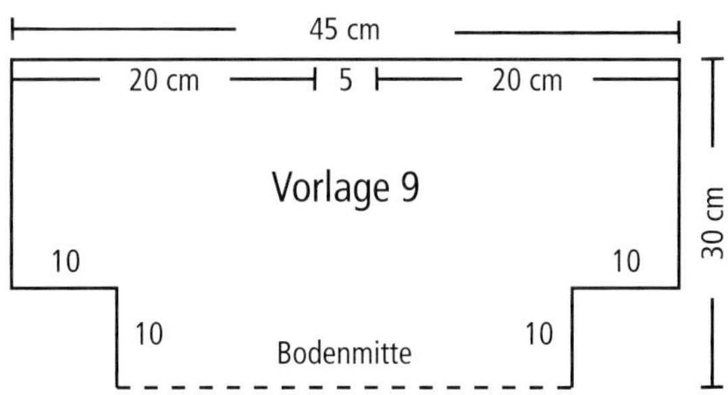
45 cm
20 cm
5
20 cm
Vorlage 9
30 cm
10
10
10
10
Bodenmitte

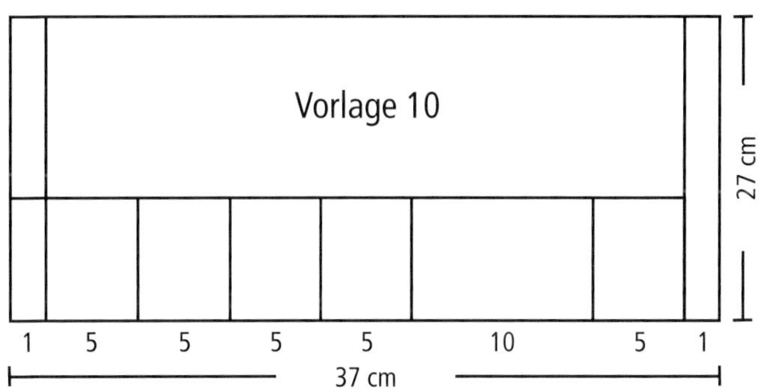
Vorlage 10
27 cm
1 5 5 5 5 10 5 1
37 cm

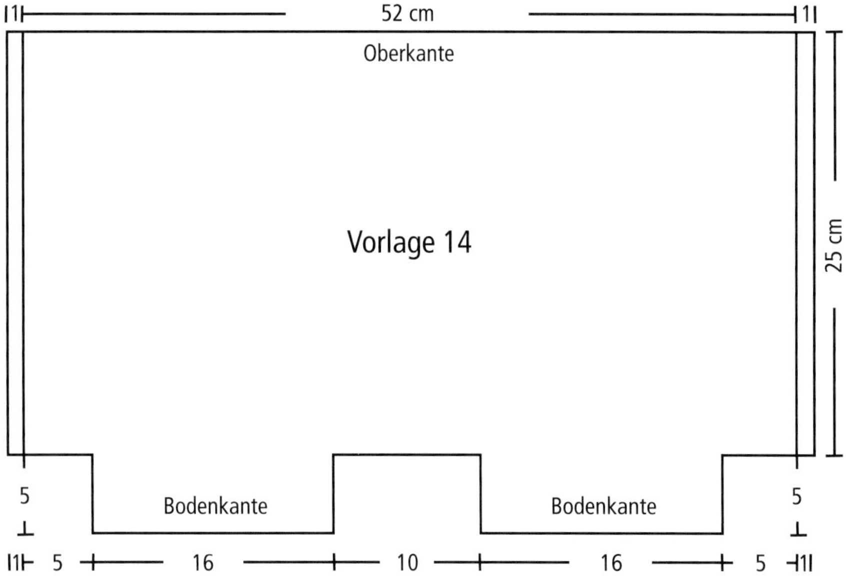
52 cm
1
1
Oberkante
Vorlage 14
25 cm
5
5
Bodenkante
Bodenkante
1
5
16
10
16
5
1

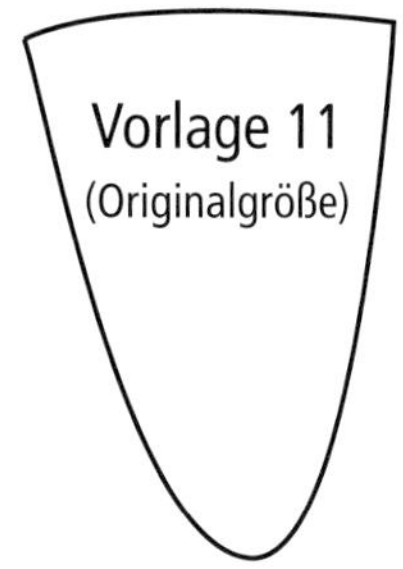
Vorlage 11
(Originalgröße)

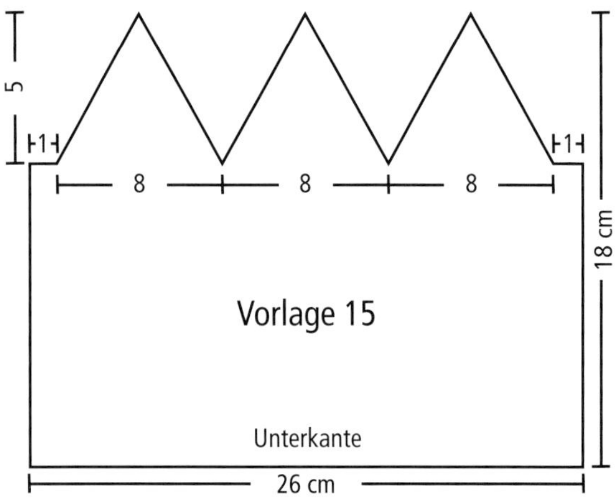
5
1
1
8
8
8
18 cm
Vorlage 15
Unterkante
26 cm

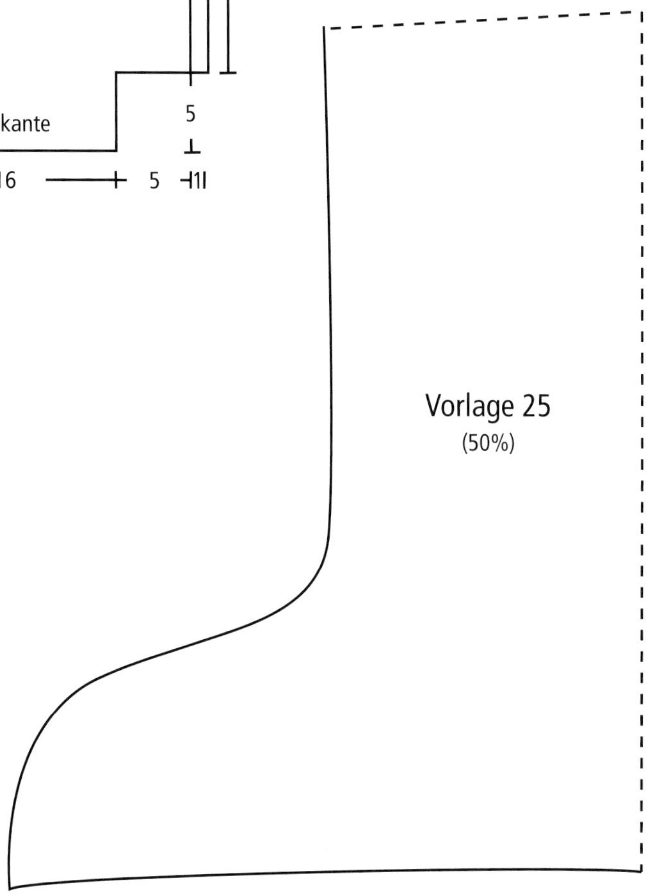
Vorlage 25
(50%)

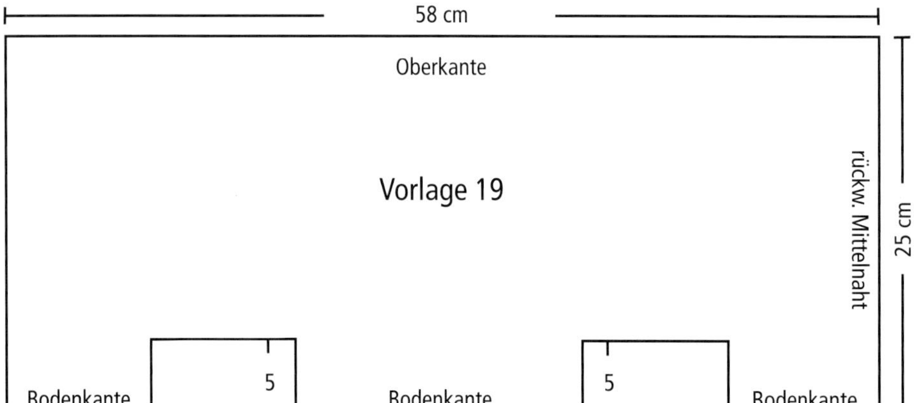
58 cm
Oberkante
Vorlage 19
rückw. Mittelnaht
25 cm
5
5
Bodenkante
Bodenkante
Bodenkante
10
10
18
10
10

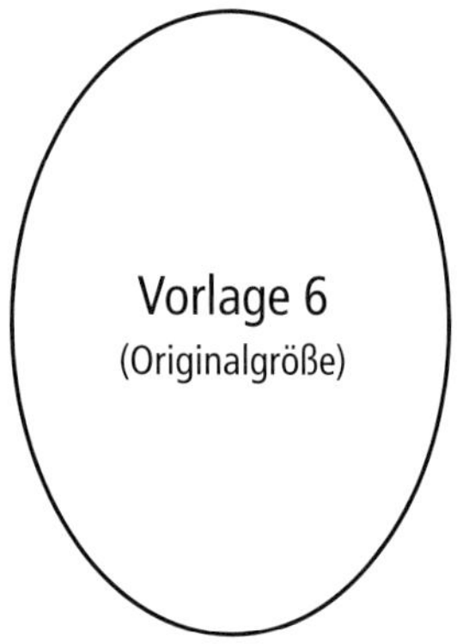
Vorlage 6
(Originalgröße)

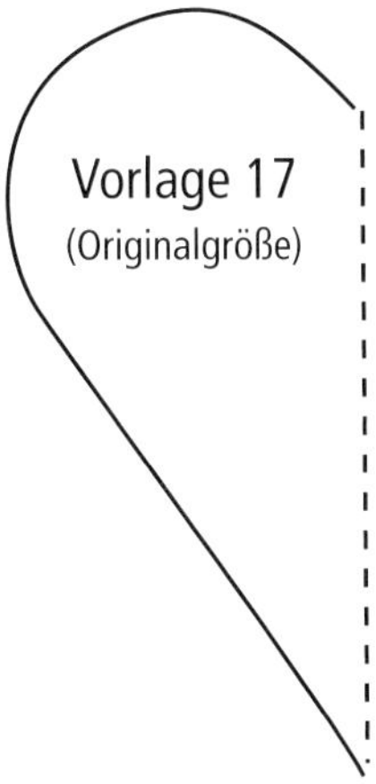
Vorlage 17
(Originalgröße)

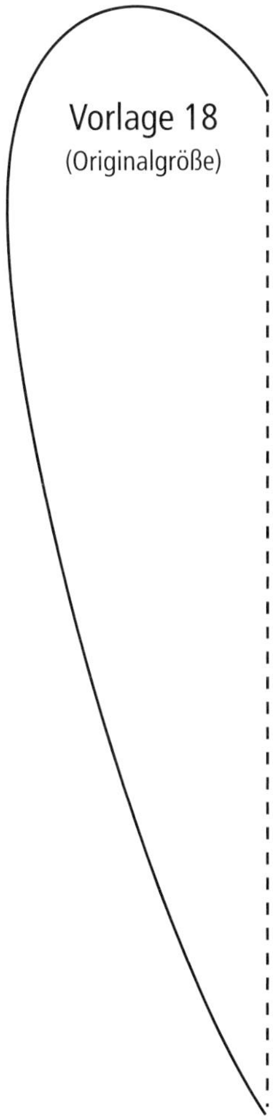
Vorlage 18
(Originalgröße)

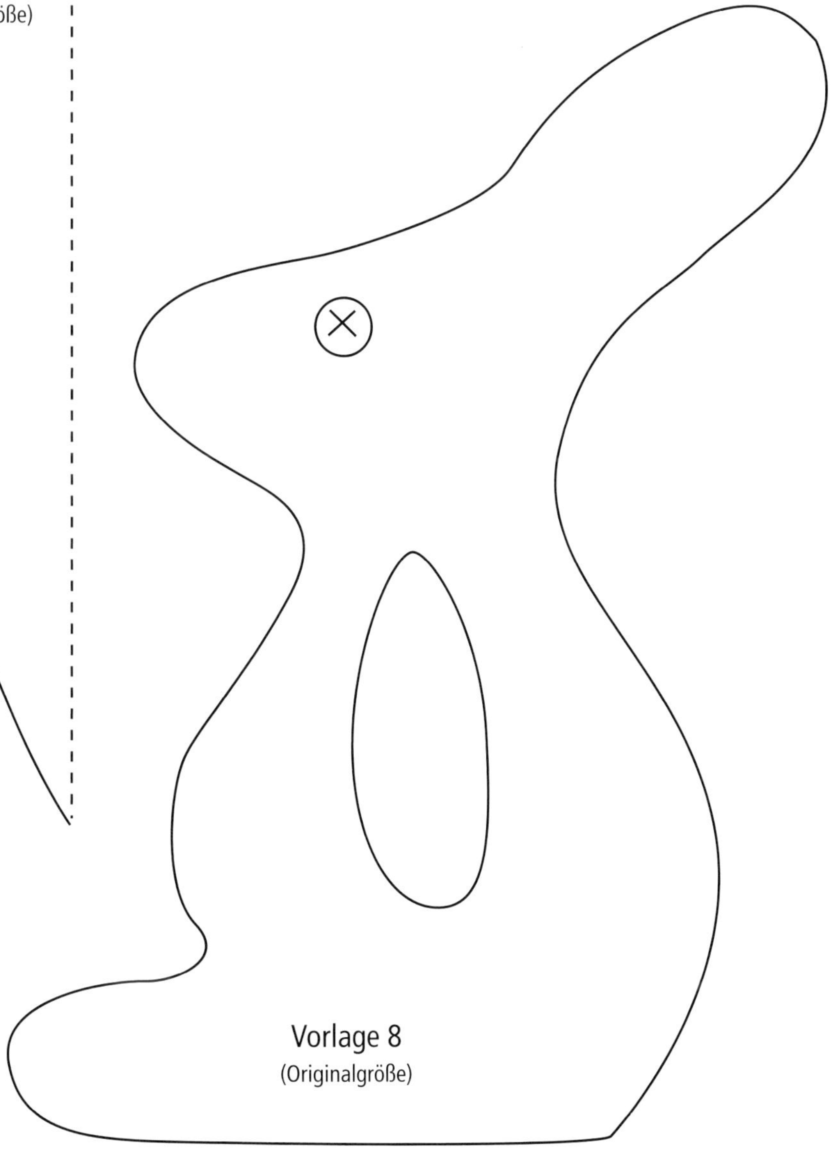
Vorlage 8
(Originalgröße)

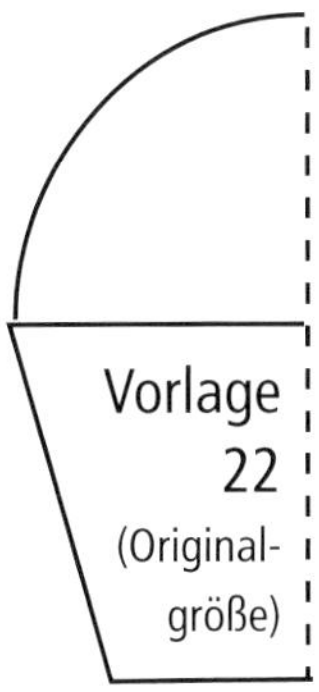
Vorlage 22
(Originalgröße)

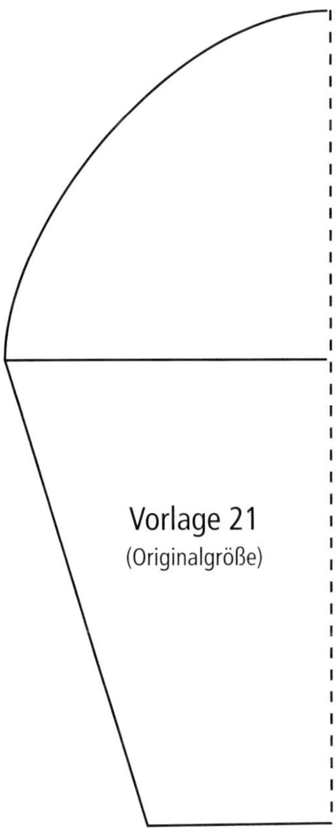
Vorlage 21
(Originalgröße)

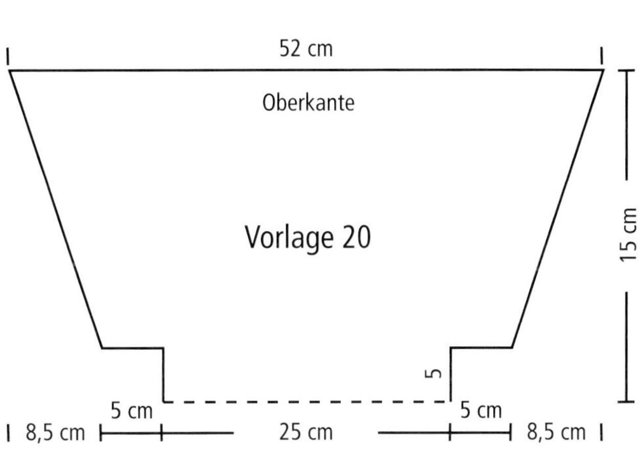
52 cm
Oberkante
Vorlage 20
15 cm
5
5 cm
5 cm
8,5 cm
25 cm
8,5 cm

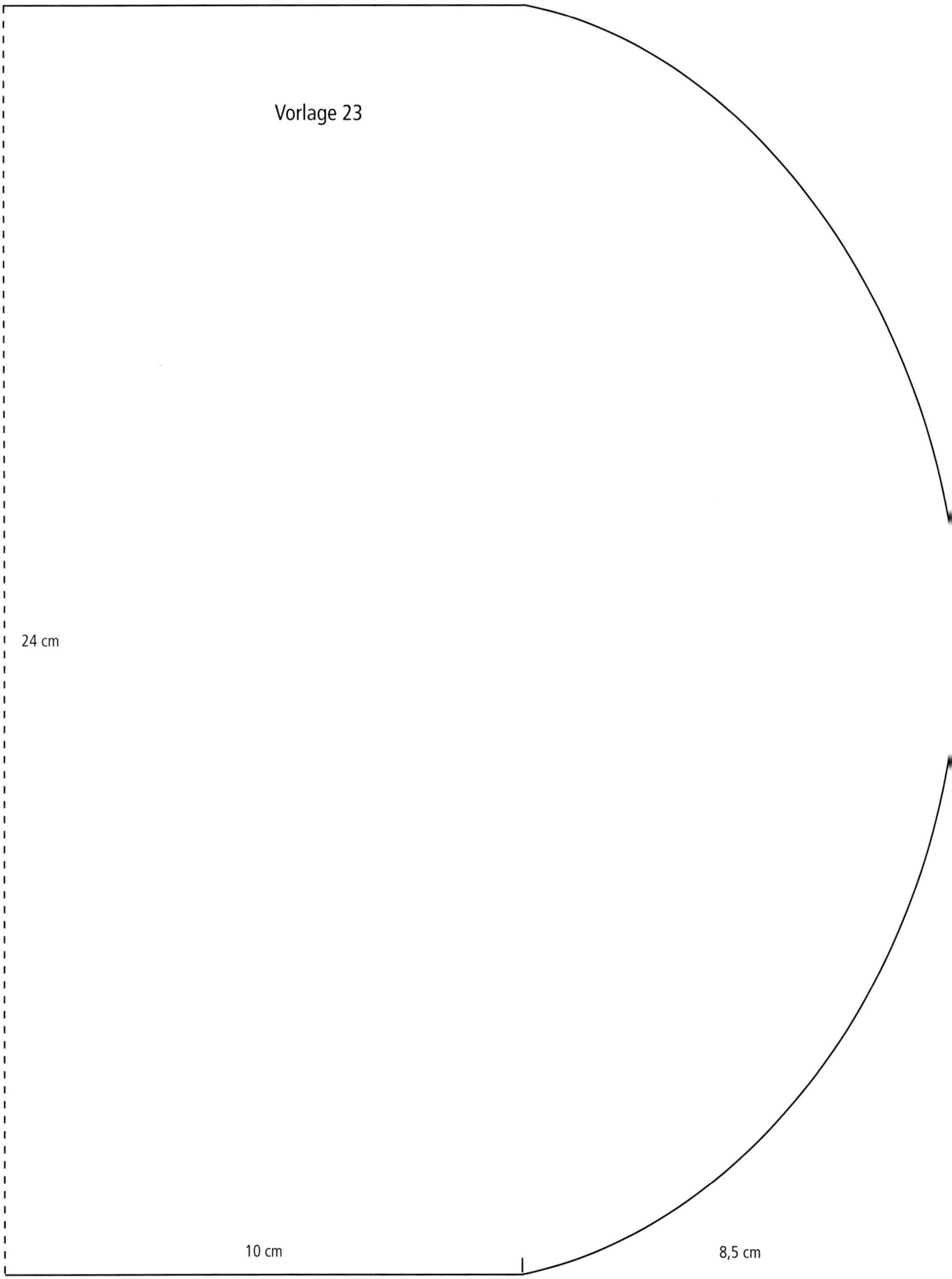
Vorlage 23
24 cm
10 cm
8,5 cm

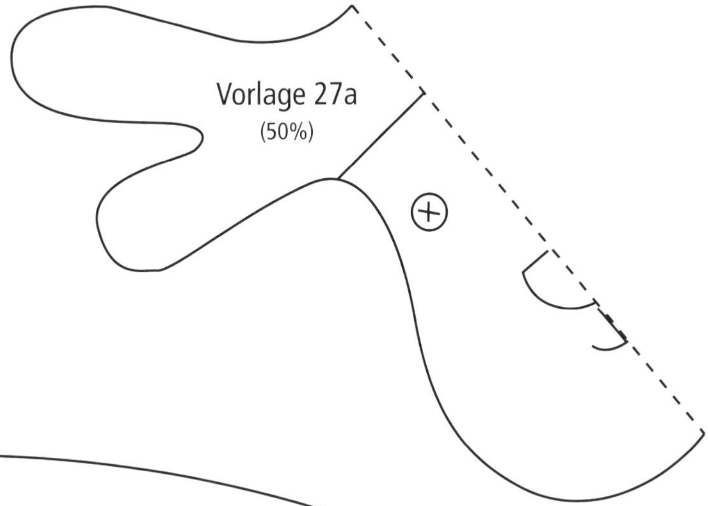
Vorlage 27a
(50%)

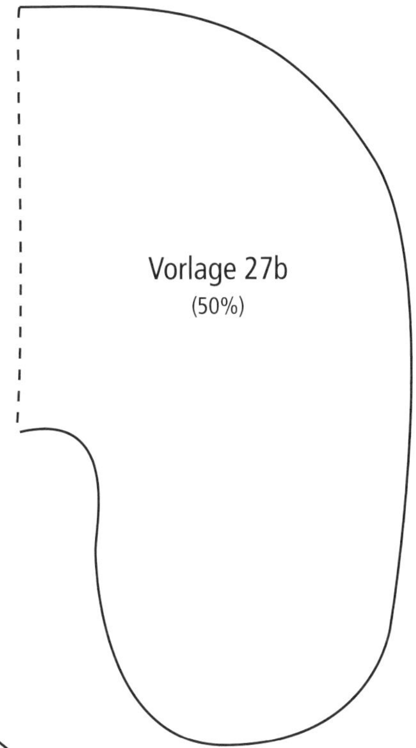
Vorlage 27b
(50%)

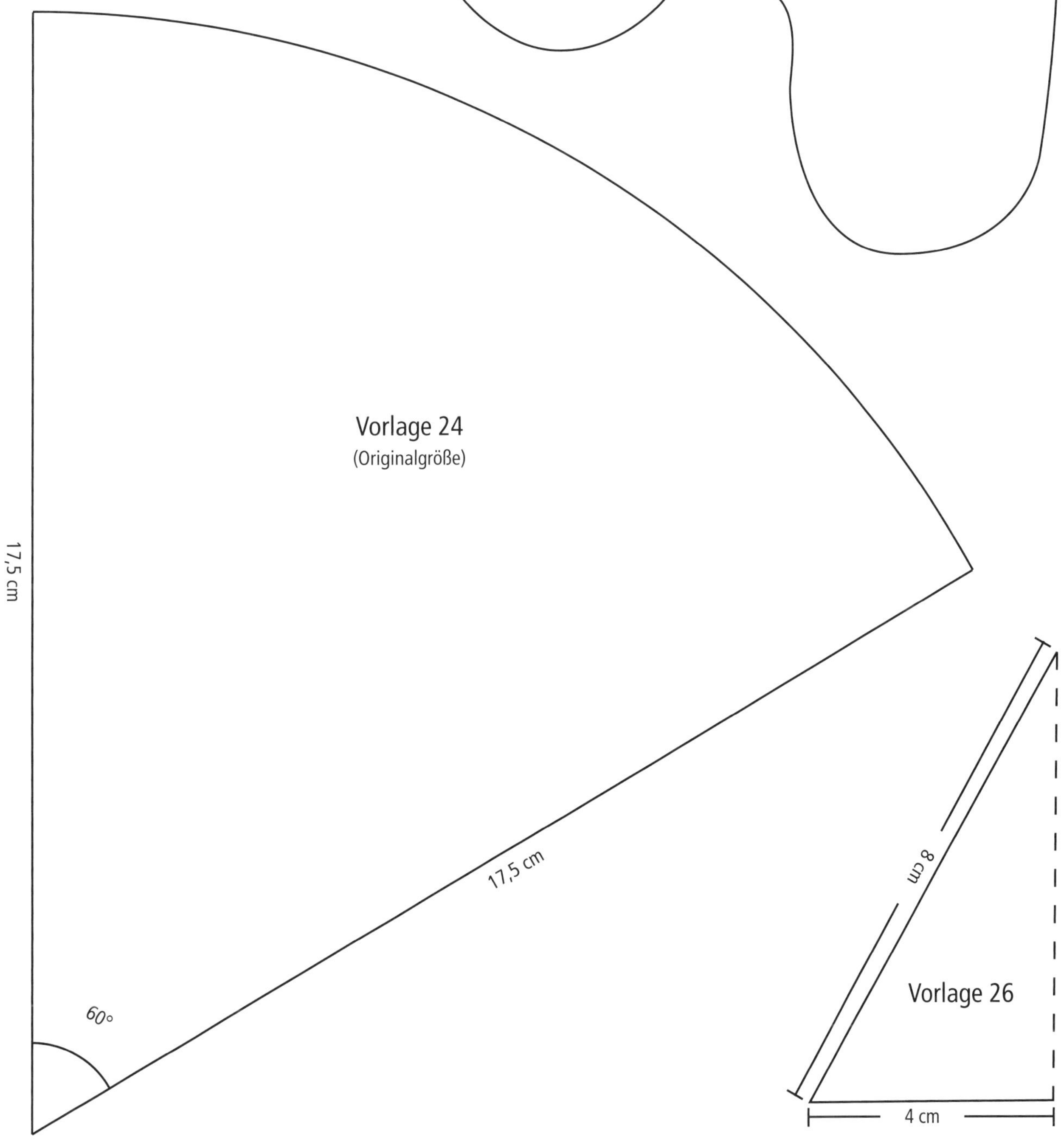
Vorlage 24
(Originalgröße)
17,5 cm
17,5 cm
60°
Vorlage 26
8 cm
4 cm

Sie haben Fragen zu Materialien, Anleitungen oder einer Kreativtechnik? Ganz gleich, ob Basteln, Malen oder Handarbeiten: Wir helfen Ihnen weiter!

Schreiben Sie uns,
wir sind für Sie da!

service-hotline@c-verlag.de

Christophorus Verlag GmbH & Co. KG • Leser-Service • Römerstr. 90 • D-79618 Rheinfelden • Fax: 076 23 / 96 46 44 49

IMPRESSUM

Autorin: Edina Stratmann
Fachlektorat: Birgit Rath-Israel
Redaktion: Angelika Klein
Fotos: Uli Glasemann
Sabine Münch (S. 52, 54)
Styling: Elke Reith
Claudia Huboi (S. 52, 54)
Umschlaggestaltung: Aurélie Lambrecht
Layout: art und weise, Freiburg
Technische Zeichnungen:
Susanne Nöllgen, GrafikBüro Berlin
Schnitte und Vorlagen:
Carsten Bachmann
Reproduktion: Meyle + Müller, Pforzheim
Druck und Verarbeitung:
Himmer AG, Augsburg

ISBN 978-3-86673-282-7
Art.-Nr.: 2282

Herstellernachweis, Bezugsquellen

Stoffe:
KnorrPrandell GmbH, Lichtenfels
www.knorrprandel.com
GreenGate, Klampenborg (DK)
www.greengate.dk
IKEA Deutschland GmbH & Co. KG, Hofheim-Wallau
www.ikea.com/de
Karstadt Warenhaus GmbH, Essen
www.karstadt.de
Linum GmbH, Lübeck
www.linum-gmbh.de

Nähgarn:
Gütermann AG, Gutach-Breisgau
www.guetermann.com

Bänder, Zubehör:
Rayher Hobby GmbH, Laupheim
www.rayher-hobby.de